Mi primer español: diez minutos al d

스페인어 찐 왕초보를 위한 100일

하루 10분 처음 스페인어 Spanish

국선아 지음

시원스쿨닷컴

하루 10분 처음 스페인어

초판 1쇄 발행 2025년 1월 15일

지은이 국선아
펴낸곳 (주)에스제이더블유인터내셔널
펴낸이 양홍걸 이시원

홈페이지 www.siwonschool.com
주소 서울시 영등포구 영신로 166 시원스쿨
교재 구입 문의 02)2014-8151
고객센터 02)6409-0878

ISBN 979-11-6150-936-5
Number 1-511104-25252521-06

스페인어 찐 왕초보를 위한 100일 완성 프로젝트

하루 10분 처음 스페인어

Spanish

머리말

처음에만 쉬운 책 말고
처음부터 끝까지 쉬운 책을 만들자!

안녕하세요! 「하루 10분 처음 스페인어」의 저자 끌라라(국선아)입니다.

이 책은 막연하게 품고 있던 저의 오랜 꿈으로부터 탄생했습니다. 스페인어, 발음도 멋지고 매력적인 언어잖아요. 그런 스페인어에 흥미를 느껴 시작했다가 명사의 성이나 동사변화처럼 복잡해 보이는 문법이 등장하는 순간 멀어지는 단골 레퍼토리가 너무나 안타까웠어요. "조금만 더 쉽고 친절하면 다들 끝까지 할 수 있을 텐데..."라는 아쉬움이 항상 남았죠. 그래서 결심했습니다. 처음부터 끝까지 "정말 쉬운 책"을 만들어 보자고요.

이 책을 만들 때 고민이 정말 많았어요. 전에 없던 쉬운 책을 만들기 위해 직접 아이디어를 내고 기획 단계에서부터 함께 했어요.

갑자기 어려워지는 부분은 없는지, 빠진 내용은 없는지 여러 번 점검하면서 1강부터 100강까지 난이도를 일정하게 맞췄고, '이런 걸 배웠었나?' 갸우뚱하게 만드는 빠진 코가 없도록 내용의 연결성을 중시했어요. 끝없이 고민하고, 또 많은 조언을 입히고 수정한 결과, 마침내 손뜨개질한 듯 촘촘하고 일정한 커리큘럼을 완성했답니다!

일반 서적과 어학 서적의 가장 큰 차이점은 제가 하고 싶은 말을 담기보다, 여러분이 궁금해 할 내용을 담는 것이라고 생각해요. 그래서 이 책은 제가 지난 15년간 강의를 해오며 가장 많이 받았던 질문들에 대한 답변을 정리한 해설서이기도 합니다.

"이런 거 궁금했지?" 하며 물어보기도 전에 먼저 알려주는 아주 친절한 책이죠. 스페인어를 처음 시작하는 분들, 스페인어를 다시금 제대로 시작해 보고 싶은 분들 모두에게 탁월한 선택이 될 거예요. 때론 친근하게, 때론 든든하게 긴 스페인어 공부 여정에 항상 함께하는 그런 책이 되었으면 좋겠어요.

마지막으로 출간에 도움을 주신 분들께 감사한 마음을 전합니다.

좋은 제목 지어주신 양홍걸 대표님, "선생님 하고 싶은 거 다 하세요" 하시고는 진짜 그 꿈 이뤄주신 안현숙 실장님, 책에 생명을 불어넣어 주신 금손 에디터 서이주 파트장님, 늘 반보 앞서 나침반이 되어 주신 배시온 주임님, 마지막으로 저의 모든 결과물의 첫 번째 독자가 되어 주는 Mi amor 치영과 가족에게 진심으로 고맙습니다.

여러분, 스페인어의 첫걸음을 저와 함께 떼어 보세요. 제가 끝까지 함께할게요!

¡Muchas gracias!

끌라라 또는 국선아

이 책의 구성과 특징

개념체크

각 과의 문을 열며 여러분의 호기심을 자극하는 코너예요. 정답을 모르더라도 고민하지 말고 가볍게 풀어보세요. "아~ 이런 걸 배우는구나!" 하고 감을 잡는 데 딱 좋아요!

오늘의 학습 내용

스페인어의 개념들을 하나하나 잘게 나눠 기초부터 쉽게 알려드려요. 친절하고 명쾌한 설명은 물론, 활용만점인 다양한 예문과 함께 재미있게 스페인어를 공부해 보세요!

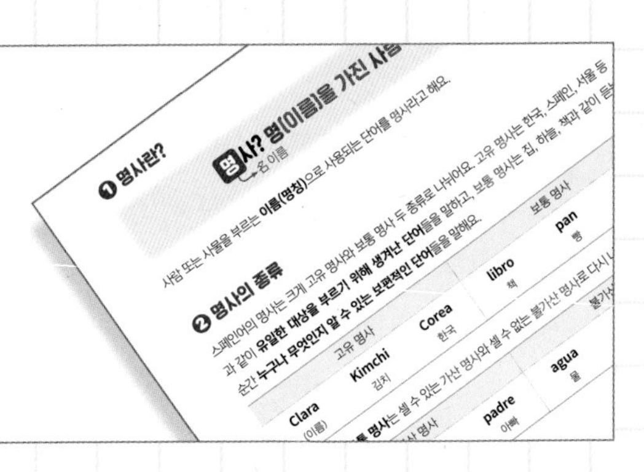

처음 회화

각 과마다 짧지만 알찬 회화문을 담았어요. Javier, Olivia, Sona 이 세 명의 친구들과 함께 원어민들이 일상에서 자주 쓰는 진짜 스페인어 표현을 만나보세요!

Check up 퀴즈

이번 과에서 배운 내용을 얼마나 잘 이해했는지 확인해볼까요? 간단한 문제를 풀어보며 실력을 점검하고 자신감을 키워보세요!

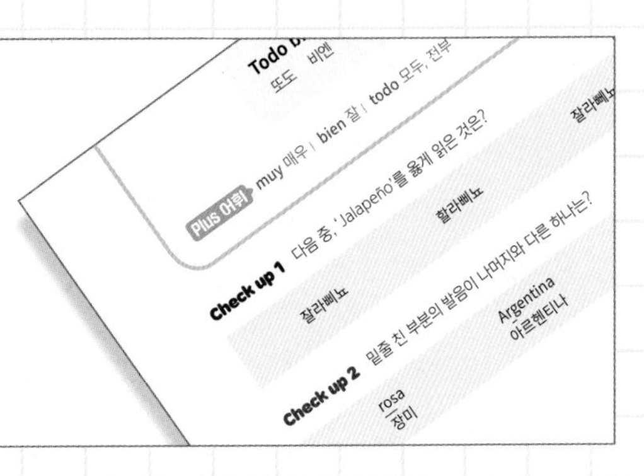

종합 연습문제

각 Unidad에서 배운 내용을 한눈에 점검할 수 있는 코너예요. 문제를 풀며 배운 내용을 복습하고, 스스로 얼마나 잘 이해했는지 확인해보세요. 완벽한 학습을 위한 마지막 점검 시간입니다!

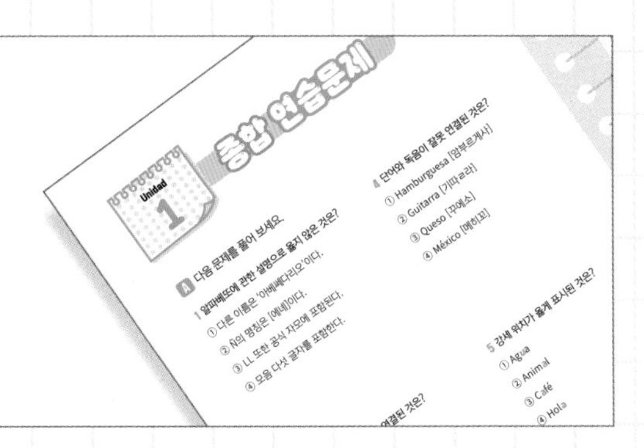

처음 Talk talk!

이 표현들만 알면 나도 스페인어 마스터! 원어민들이 가장 많이 사용하는 기초 회화 표현 120가지를 알려드려요. 말하기 트레이닝 동영상도 함께 제공되니 스페인어 말문트기 연습, 문제없겠죠?

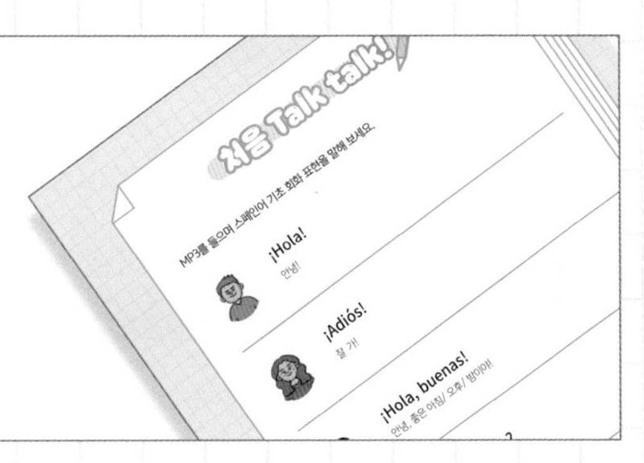

원어민 무료 MP3

원어민 성우의 정확한 발음을 듣고 따라하며 반복 연습할 수 있도록 무료 MP3 파일을 제공합니다.

말하기 트레이닝 무료 동영상

스페인어 기초 표현 120개를 연습할 수 있는 무료 동영상을 제공합니다. 교재에 있는 QR을 찍고, 끌라라 선생님과 말하기 훈련을 해 보세요.

기초 단어, 동사 변화표, 쓰기 노트 PDF

복습할 때 활용할 수 있는 PDF 3종을 무료로 제공합니다. 언제 어디서나 간편하게 스페인어를 공부하세요.

저자 직강 동영상 강의

학습 효과를 200% 높일 수 있는 저자 유료 동영상 강의를 제공합니다. 동영상 강의는 spain.siwonschool.com에서 확인하세요.

목차

Unidad 3. 처음 회화 part.1 인사하기

Unidad 4. 스페인어 be 동사 SER "~이다"

Unidad 5. 기초 튼튼 개념 정리, 관사

Unidad 6. 기초 튼튼 개념 정리, 소유사와 지시사

Unidad 7. 또다른 be 동사 ESTAR "~있다"

Unidad 8. 규칙 변화 일반동사 "~하다"

Unidad 9. 기초 튼튼 개념 정리, 부사

Unidad 10. 숫자 활용하기 0~1000

Unidad 11. 재밌고 유용한 불규칙 동사의 세계로!

Unidad 12. 기초 튼튼 개념 정리, 의문사

Unidad 13. 처음 회화 part.2 의문사 활용해 질문하기

Unidad 14. 특이한 동사 HAY "~이 있다"

Unidad 15. 형용사 레벨 업!

Unidad 16. 기초 튼튼 개념 정리, 전치사

Unidad 17. 처음 회화 part.3 의문사+전치사 활용해 질문하기

Unidad 18. 헷갈려요! 처음 스페인어 FAQ

Unidad 19. 헷갈려요! 비슷한 동사 비교하기

Unidad 20. 기초 튼튼 개념 정리, 목적대명사

등장 인물 소개

여러분과 처음 스페인어를 함께 공부할 세 명의 친구들을 소개할게요!

스페인에 사는 정통 스페인 청년, 하비에르!

따뜻한 마음씨에 친절함까지 갖춘, 그야말로 스페인어 인생 네비게이터랍니다. 주변 사람들이 어려움에 처하면 그냥 못 지나치고 꼭 도와주는 스타일이에요. (올리비아에게는 특별히 더 친절한 것 같기도 한데.. 혹시?) 느긋하면서도 배려심이 깊은 성격 덕분에 "하비에르만 믿고 따라오라구!"라는 말이 절로 나올 거예요.

ISFJ (용감한 수호자) - 세심하고 배려심 많은 성격으로 주변 사람들에게 믿음직한 존재!

스페인에 사는 멕시코 출신의 슈퍼 인싸, 올리비아!

"¡Hola! ¡Me llamo Olivia!" 하루 종일 즐거운 에너지가 넘치는 그녀는 다양한 국적의 친구들과 스페인어로 수다 떨며 세상을 정복 중이에요. 올리비아와 있으면 누구든 금세 "나도 인싸인가?" 하는 착각에 빠질 정도로 텐션이 업! 여행과 파티, 새로운 문화에 진심인 다이내믹한 매력의 소유자랍니다.

ENFP (재기발랄한 활동가) - 사람 좋아하고 자유로운 영혼!

스페인을 사랑해서 스페인에 눌러앉은 한국인, 소나!

하비에르와 올리비아의 도움으로 스페인어를 배우며 좌충우돌 적응 중이에요. 스페인의 열정적인 분위기와 따뜻한 햇살에 흠뻑 빠져 지내는 그녀는, 때로는 귀여운 실수로 모두를 웃음 짓게 만드는 마성의 매력! 배우려는 열정과 끈기로 "스페인어 마스터는 시간 문제!"라는 믿음을 주는 성장형 캐릭터랍니다.

INFJ (통찰력 있는 조언가) - 스스로의 꿈을 위해 꾸준히 노력하고 사람들과 깊은 연결을 원하는 친구!

Unidad

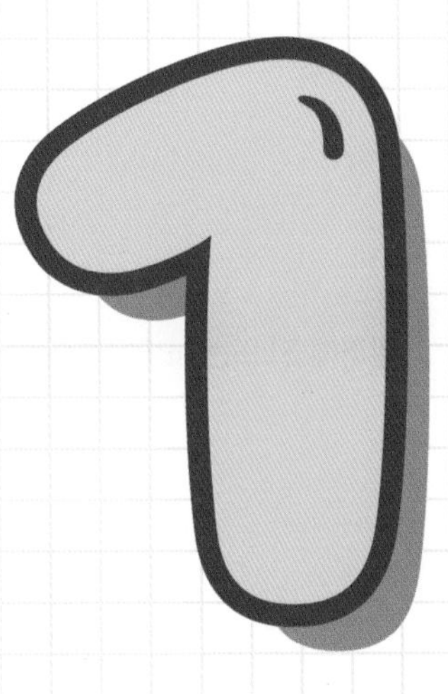

시작은 발음부터

알파베또, 스페인어의 문자 알기

개념체크 아래 질문에 대답해 보세요.

'알파베또'를 스페인어로 써 보세요.
들리는 대로 쓰면 돼요!

정답 ALFABETO

❶ 알파베또란?

스페인어 문자의 이름은 ALFABETO **[알파베또]** 또는 ABECEDARIO **[아베쎄다리오]**라고 해요!

❷ 알파베또의 생김새

A	B	C	D	E	F
아	베	쎄	데	에	에페
G	H	I	J	K	L
헤	아체	이	호따	까	엘레
M	N	Ñ	O	P	Q
에메	에네	에녜	오	뻬	꾸
R	S	T	U	V	W
에레	에쎄	떼	우	우베	우베 도블레
X	Y	Z			
에끼스	예	쎄따			

Tip Ñ는 스페인어의 상징이에요. 오직 스페인어에서만 사용돼요.

❸ 모음과 자음

스페인어의 모음은 A / E / I / O / U 다섯 가지예요. 나머지는 모두 자음이에요. 공식 자모에는 포함되어 있지 않지만 실제 스페인어 단어에는 사용되는 보너스 자음 CH**[체]**와 LL**[에예]**가 있어요.

예 nacho **[나초]** 나초

paella **[빠에야]** 파에야

Check up 1 다음 중 스페인어에서만 사용되는 글자는?

CH [체]	LL [에예]	Ñ [에녜]	Q [꾸]	Z [쎄따]

Check up 2 다음 중 스페인어 모음이 아닌 것은?

a	э	i	o	u

정답 1. Ñ [에녜] | 2. э

Lección 2

타코X 따꼬O, 스페인어 발음 정복 A~LL

개념체크 아래 단어의 발음으로 알맞은 것을 골라보세요.

Hola

홀라 호라 올라 오라

정답 올라

❶ 모음 발음 정복

A 아	E 에	I 이	O 오	U 우
[아]	[에]	[이]	[오]	[우]

❷ 자음 A~LL 발음 정복

B 베 [ㅂ]	ba [바]	be [베]	bi [비]	bo [보]	bu [부]
C 쎄 [ㄲ] [ㅆ]	ca [까]	ce [쎄]	ci [씨]	co [꼬]	cu [꾸]
CH 체 [ㅊ]	cha [차]	che [체]	chi [치]	cho [초]	chu [추]
D 데 [ㄷ]	da [다]	de [데]	di [디]	do [도]	du [두]
F 에페 [ㅍ]	fa [파]	fe [페]	fi [피]	fo [포]	fu [푸]
G 헤 [ㄱ] [ㅎ]	ga [가]	ge [헤]	gi [히]	go [고]	gu [구]
G 헤	gue [게]	gui [기]	güe [구에]	güi [구이]	

Tip 자음 **g**는 이중모음 **ue/ui**와 함께 사용될 경우, 발음이 달라져요!

H 아체 [ㅇ]	ha [아]	he [에]	hi [이]	ho [오]	hu [우]
J 호따 [ㅎ]	ja [하]	je [헤]	ji [히]	jo [호]	ju [후]
K 까 [ㄲ]	ka [까]	ke [께]	ki [끼]	ko [꼬]	ku [꾸]
L 엘레 [ㄹ]	la [라]	le [레]	li [리]	lo [로]	lu [루]
LL 에예 [이]	lla [야]	lle [예]	lli [이]	llo [요]	llu [유]

처음 회화

¡Hola, buenos días! 안녕, 좋은 아침이야!
올라 부에노스 디아스

¡Hola, buenas tardes! 안녕, 좋은 오후야!
올라 부에나스 따르데스

¡Hola, buenas noches! 안녕, 좋은 밤이야!
올라 부에나스 노체스

¡Hola, buenas! 안녕, 좋은 아침/ 오후/ 밤이야!
올라 부에나스

Tip ① Buenas noches는 '잘 자'라는 뜻도 돼요. ② 시간대 구분 없이 'Buenas'라고만 인사해도 돼요.

Check up 밑줄 친 부분의 발음이 나머지와 다른 하나는?

Japón 일본	Argentina 아르헨티나	girasol 해바라기	hamburguesa 햄버거

정답 hamburguesa

Lección 3

데킬라X 떼낄라O, 스페인어 발음 정복 M~Z

개념체크 아래 단어의 발음으로 알맞은 것을 골라보세요.

Taxi 택시

택시 탁시 따씨 딱씨

정답 딱씨

❶ 자음 M~Z 발음 정복

M 에메 [ㅁ]	ma [마]	me [메]	mi [미]	mo [모]	mu [무]
N 에네 [ㄴ]	na [나]	ne [네]	ni [니]	no [노]	nu [누]
Ñ 에녜 [니]	ña [냐]	ñe [녜]	ñi [니]	ño [뇨]	ñu [뉴]
P 뻬 [ㅃ]	pa [빠]	pe [뻬]	pi [삐]	po [뽀]	pu [뿌]
Q 꾸	que [께]	qui [끼]			
R 에레 [ㄹ]	ra [라]	re [레]	ri [리]	ro [로]	ru [루]
S 에쎄 [ㅅ]	sa [사]	se [세]	si [시]	so [소]	su [수]
T 떼 [ㄸ]	ta [따]	te [떼]	ti [띠]	to [또]	tu [뚜]

Tip ① 자음 **q**는 항상 이중모음 **ue/ui**와 함께 사용해요! ② 자음 **r**는 첫글자로 사용되거나 **'-rr-'**처럼 사용하는 경우, 혀를 굴려 강한 **'ㄹ'**로 발음해요.

V 우베 [ㅂ]	va [바]	ve [베]	vi [비]	vo [보]	vu [부]
W 우베 도블레 [우]	wa [와]	we [웨]	wi [위]	wo [워]	wu [우]
X 에끼스 [ㅆ][ks][ㅎ]	첫 글자 X [ㅆ]		모음과 모음 사이 [ks]		지명과 관련된 단어 [ㅎ]
Y 예 [이]	ya [야]	ye [예]	yi [이]	yo [요]	yu [유]
Z 세따 [ㅆ]	za [싸]	ze [쎄]	ze [씨]	zo [쏘]	zu [쑤]

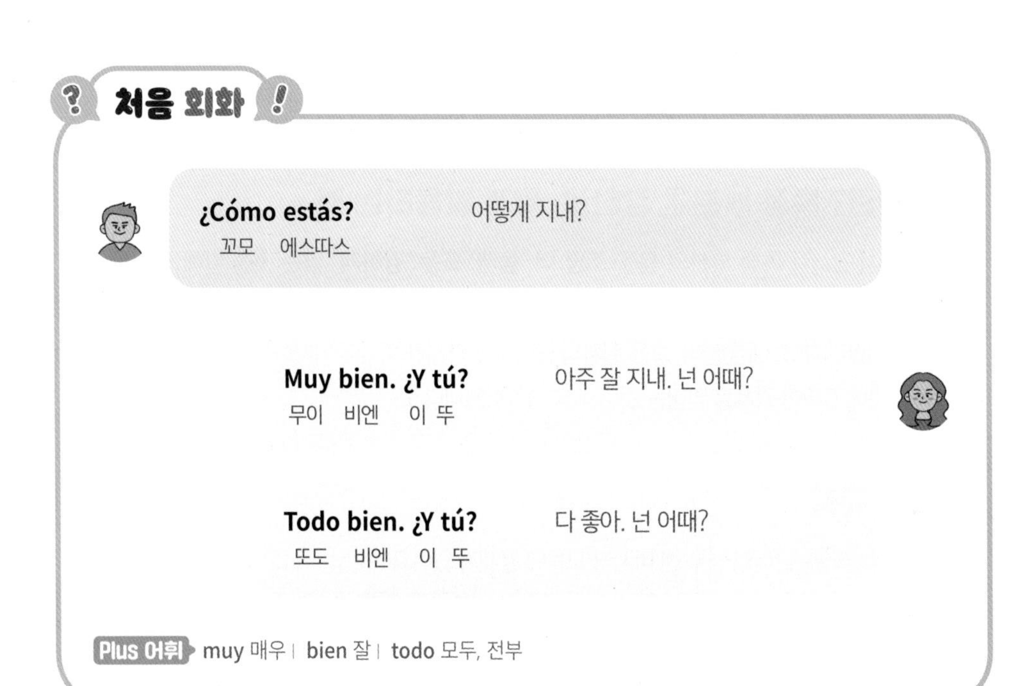

Check up 1 다음 중, 'Jalapeño'를 옳게 읽은 것은?

잘라삐뇨   할라삐뇨   잘라뻬뇨   할라뻬뇨

Check up 2 밑줄 친 부분의 발음이 나머지와 다른 하나는?

rosa 장미   Argentina 아르헨티나   perro 개   Real Madrid 레알 마드리드

정답 1. 할라뻬뇨 | 2. Argentina

Lección 4

강세란? 강세의 개념과 강세 위치 찾기

개념체크 다음 중 가장 자연스럽게 들리는 억양을 골라보세요.

Español 스페인어

에스빠뇰 / 에스빠뇰 / 에스빠뇰 / 에스빠뇰

정답 에스빠**뇰**

❶ 강세란? 특정 부분을 강하게, 세게 발음하는 것

스페인어에서 강세란 **특정 부분의 음을 조금 더 '높게' 또는 '강하게' 읽는 것**을 말해요. 스페인어로 강세는 ACENTO **[아쎈또]**라고 해요. 이 강세는 의미를 구분하거나 문장의 흐름을 자연스럽게 만들어 주는 중요한 역할을 해요. 예를 들어, 같은 철자의 단어라도 강세가 어디에 위치하느냐에 따라 뜻이 달라질 수 있기 때문에 정확한 강세를 익히는 것이 매우 중요하답니다.

❷ 강세 규칙

① 자음으로 끝나는 단어의 경우 맨 마지막 모음에 강세가 있어요! (n, s는 제외)

animal	amor	ciudad	Feliz Navidad
[아니말] 동물	[아모르] 사랑	[씨우닷] 도시	[펠리스 나비닷] 메리 크리스마스

② 모음과 n, s로 끝나는 단어는 끝에서 두 번째 모음에 강세가 있어요!

hola	madre	España	ojo
[올라] 안녕	[마드레] 엄마	[에스빠냐] 스페인	[오호] 눈

③ 연속된 모음을 가진 단어에 주의하세요!

familia	agua	hielo	Corea
[파밀리아] 가족	[아구아] 물	[이엘로] 얼음	[꼬레아] 한국

Tip 스페인어 모음 중, **'a / e / o'**는 강모음이고, **'i / u'**는 약모음이에요. 두 개 모음이 나란히 올 때 약모음을 포함하고 있다면 한 개의 모음으로 취급해요.

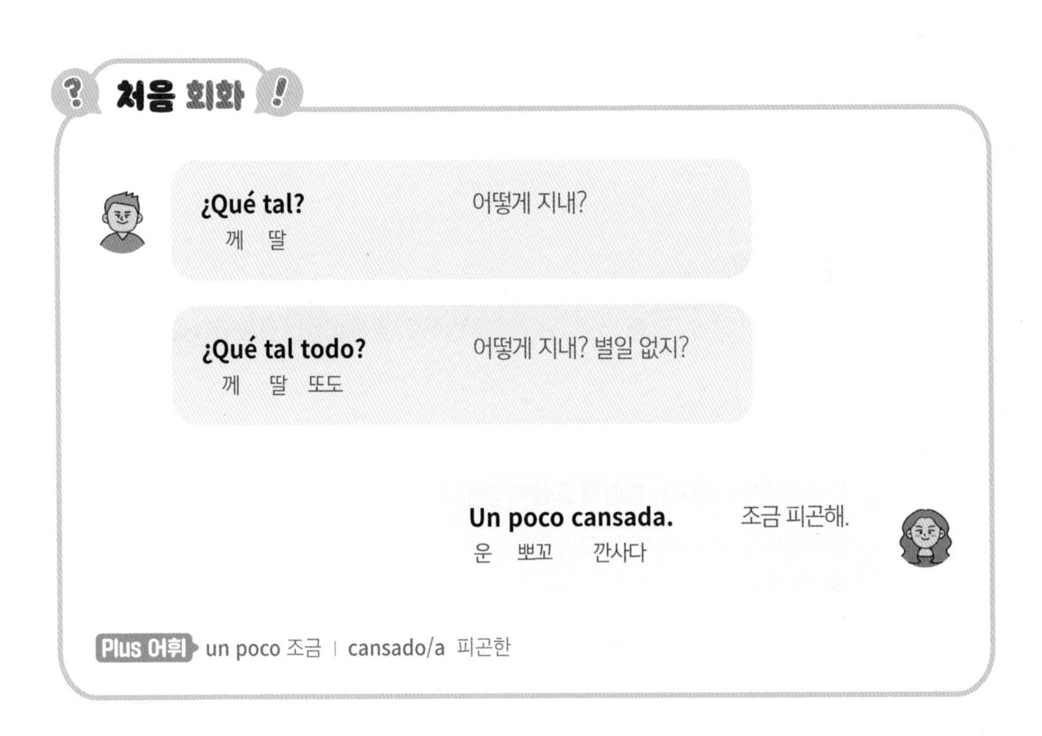

Check up 1 강세를 뜻하는 스페인어로 옳은 것은?

acento　　accento　　acente　　accente

Check up 2 아래 단어를 옳은 강세로 읽은 것은?

pantalones
바지

빤딸로네스　　빤**딸**로네스　　빤딸**로**네스　　빤딸로**네**스

정답 1. acento | 2. 빤딸로네스

Lección 5

아빠는 빠빠 감자는 빠빠, 불규칙한 강세를 가진 단어들

개념체크 아래 단어의 옳은 강세 위치를 골라보세요.

Universidad 대학교

우니베르씨닷   우니베르씨닷   우니베르씨닷   우니베르씨닷

정답 우니베르씨닷

❶ 불규칙 강세란?

불규칙 강세는 강세 위치가 강세 규칙에 어긋나는 경우를 말해요. 앞서 배웠던 강세 규칙을 다시 한번 떠올려 볼까요?

1. 자음으로 끝나는 단어는 **맨 마지막 모음**에 강세가 있다.
2. 모음으로 끝나는 단어는 **끝에서 두번째 모음**에 강세가 있다.
3. 연속된 모음에 주의 (강모음+약모음=모음 1개)

강세가 불규칙할 경우에는 **강세가 오는 위치에 ´ 로 강세 표시**를 해요. 예를 들어 'café'라는 단어는 모음 e 위에 강세 부호가 있죠? 이 부호의 이름을 tilde **[띨데]**라고 하는데, tilde는 모음에만 쓰여요.

❷ 불규칙 강세를 가진 단어들의 예

불규칙 강세를 가진 단어들은 소리와 함께 익히는 게 중요하답니다! 아래 예시를 보면서 강세 위치를 확인해 보세요.

papá	lápiz	inglés	televisión
[빠빠] 아빠	[라삐쓰] 연필	[잉글레스] 영어	[뗄레비씨온] 텔레비전

❸ 많이 보이는 불규칙 강세 어미

-ía	cafetería 커피숍	policía 경찰	fotografía 사진
-ión	educación 교육	pasión 열정	atención 주목
-ón	corazón 심장	razón 이유	algodón 면

❹ 강세 유무에 따라 뜻이 변하는 단어들

강세가 있을 때	papá 아빠 (dad)	él 그 (he)	sí 네 (yes)	tú 너 (you)
강세가 없을 때	papa 감자 (potato)	el 정관사 (the)	si 만약에 (if)	tu 너의 (your)

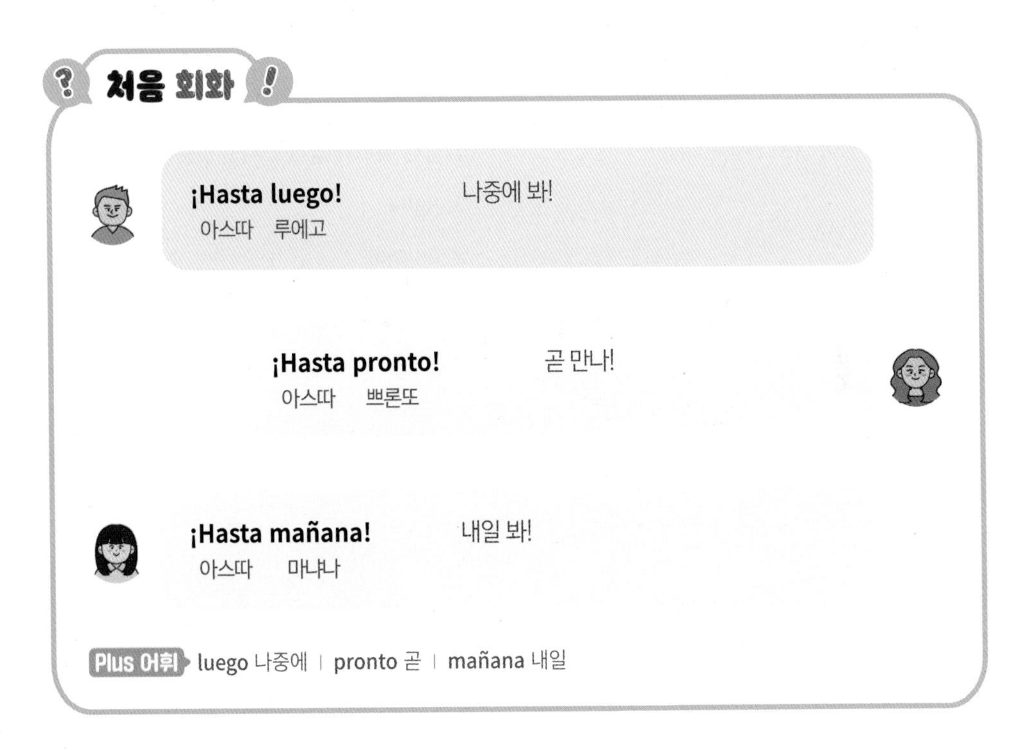

Check up 강세 부호의 스페인어 이름은?

teldi	tilde	tilte	tilda

정답 tilde

Unidad 1

종합 연습문제

A 다음 문제를 풀어 보세요.

1 알파베또에 관한 설명으로 옳지 않은 것은?

① 다른 이름은 '아베쎄다리오'이다.

② Ñ의 명칭은 [에녜]이다.

③ LL 또한 공식 자모에 포함된다.

④ 모음 다섯 글자를 포함한다.

2 단어와 명칭이 잘못 연결된 것은?

① C – 쎄

② E – 이

③ G – 헤

④ U – 우

3 밑줄 친 부분의 발음이 나머지와 다른 하나는?

① Amigo

② Ángel

③ Argentina

④ Jamón

4 단어와 독음이 잘못 연결된 것은?

① Hamburguesa [암부르게사]

② Guitarra [기따ㄹ라]

③ Queso [꾸에소]

④ México [메히꼬]

5 강세 위치가 옳게 표시된 것은?

① Ag**u**a

② Anim**a**l

③ C**a**fé

④ Hol**a**

6 '아빠'를 스페인어로 옳게 쓴 것은?

① Papa

② Pápa

③ Papá

④ Pepa

B 제시된 단어 또는 표현에 맞게 빈칸을 채우세요.

1 안녕!

→ ¡ ______ !

2 잘 가!

→ ¡ ______ !

3 좋은 오후야!

→ ¡Buenas ______ !

4 나중에 봐!

→ ¡Hasta ______ !

5 어떻게 지내?

→ ¿Cómo ______ ?

6 아주 잘 지내.

→ Muy ______ .

처음 Talk talk!

MP3를 들으며 스페인어 기초 회화 표현을 말해 보세요.

¡Hola!

안녕!

¡Adiós!

잘 가!

¡Hola, buenas!

안녕, 좋은 아침/ 오후/ 밤이야!

¿Cómo estás?

어떻게 지내?

¿Qué tal?

어떻게 지내?

¡Hasta luego!

나중에 봐!

Unidad

스페인어의 핵심,
명사&형용사의 성과 수

명사란? 개념과 종류까지 확실하게

개념체크 다음 중 명사는 모두 몇 개일까요?

자동차	슬픈	걷다	빵	서울
coche	**triste**	**andar**	**pan**	**Seúl**

정답 3개(자동차, 빵, 서울)

❶ 명사란?

명사? 명(이름)을 가진 사람 또는 사물

명 → 名 이름

사람 또는 사물을 부르는 **이름(명칭)**으로 사용되는 단어를 명사라고 해요.

❷ 명사의 종류

스페인어의 명사는 크게 고유 명사와 보통 명사 두 종류로 나뉘어요. 고유 명사는 한국, 스페인, 서울 등과 같이 **유일한 대상을 부르기 위해 생겨난 단어**들을 말하고, 보통 명사는 집, 하늘, 책과 같이 듣는 순간 **누구나 무엇인지 알 수 있는 보편적인 단어**들을 말해요.

고유 명사			보통 명사		
Clara (이름)	**Kimchi** 김치	**Corea** 한국	**libro** 책	**pan** 빵	**madre** 엄마

스페인어의 **보통 명사**는 셀 수 있는 가산 명사와 셀 수 없는 불가산 명사로 다시 나뉘어요.

가산 명사			불가산 명사		
coche 자동차	**casa** 집	**padre** 아빠	**agua** 물	**aire** 공기	**sol** 해

마지막으로 **가산 명사**에는 사람 명사와 사물 명사가 있어요.

사람 명사			사물 명사		
coreano 한국인	**mujer** 여자	**estudiante** 학생	**coche** 자동차	**libro** 책	**pan** 빵

스페인어 명사의 종류를 모두 외워야 하는 것은 아니예요. 문장을 보고 명사를 찾을 수 있다면 충분해요!

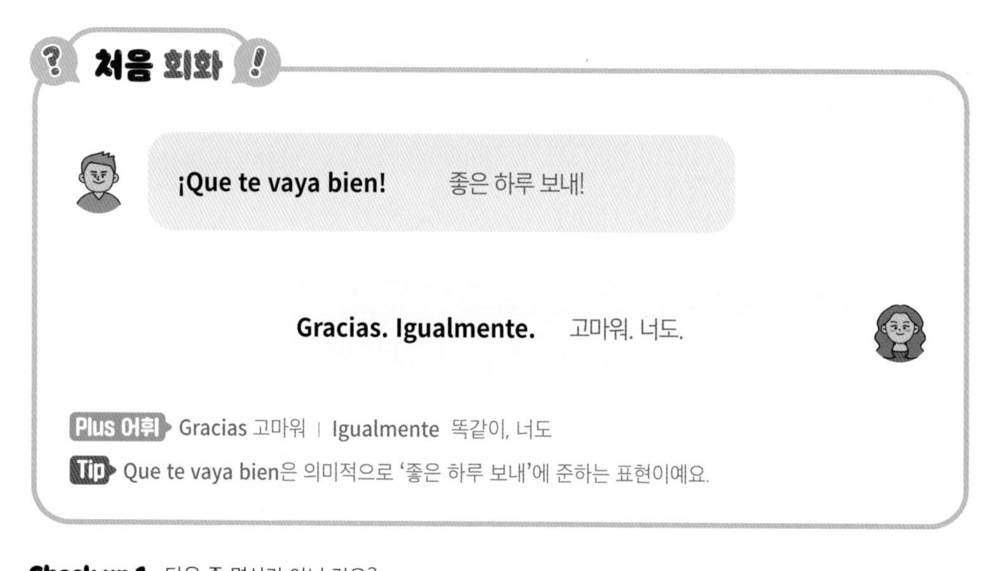

Check up 1 다음 중 명사가 아닌 것은?

coche triste kimchi pan

Check up 2 다음 빈칸을 명사로 채워보세요.

① 끌라라는 학생이야.
Clara es ______________________.

② 다빗은 한국인이야.
David es ______________________.

정답 1. triste | 2. ① estudiante ② coreano

Lección 7

책은 남자, 집은 여자
명사의 성 이해하기

개념체크 사람 명사와 사물 명사를 구분해 보세요.

	coreano	Corea	coche	mujer
사람 명사				
사물 명사				

정답 사람 명사: coreano, mujer / 사물 명사: Corea, coche

❶ 명사의 성이란?

명사가 갖는 성별을 명사의 성(性)이라고 해요. 스페인어의 모든 명사는 **남성** 또는 **여성**의 성별을 가져요! 몇 가지 예시를 살펴볼까요?

libro	casa	vino	cerveza
책	집	와인	맥주
남성 명사	여성 명사	남성 명사	여성 명사

❷ 사람과 사물 명사의 성

① **사람 명사**의 성은 본래 단어가 가진 자연적인 성을 따라요. 아빠는 남성 명사, 엄마는 여성 명사예요.

남성 명사			여성 명사		
padre 아빠	**hombre** 남자	**coreano** 한국인(남)	**madre** 엄마	**mujer** 여자	**coreana** 한국인(여)

② **사물 명사**는 자연적인 성이 없으므로 문법이 정해주는 문법적인 성을 따라요.

남성 명사			여성 명사		
libro 책	**vino** 와인	**zumo** 주스	**casa** 집	**cerveza** 맥주	**naranja** 오렌지

❸ el, la, los, las로 명사의 성별 표시하기

명사는 성을 헷갈리지 않기 위해 el, la, los, las로 성별을 표시해요. 참고로 el, la, los, las는 **영어의 정관사 the**와 사용법이 같아요!

el	los	la	las
남성 단수	남성 복수	여성 단수	여성 복수

남성 명사: (el) libro 책, (el) vino 와인, (el) zumo 주스
여성 명사: (la) casa 집, (la) cerveza 맥주, (la) naranja 오렌지

처음 회화

¿Qué es esto? 이게 뭐예요?

Esto es un coche. 이건 자동차예요.

Esto es una naranja. 이건 오렌지예요.

Plus 어휘 esto 이것 | es ~는 ~이다

Tip ¿Qué es ~? '~는 뭐예요?' 패턴으로 기억해요.

Check up 1 다음 중 관사와 명사가 잘못 연결된 것은?

(el) hombre　(la) vino　(la) naranja　(el) zumo

Check up 2 다음 빈칸을 명사로 채워 보세요.

A: ¿Qué es esto?　이것이 무엇입니까?
B: Esto es un ______________.　이것은 책입니다.

정답 1. (la) vino | 2. libro

Lección 8

남자는 꼬레아노, 여자는 꼬레아나
사람 명사의 성 구분

개념체크 다음 빈칸에 공통으로 들어갈 철자는 무엇일까요?

el coreano	la corean ☐	el niño	la niñ ☐
한국인(남)	한국인(여)	남자 아이	여자 아이

정답 a

❶ 남성형 → 여성형으로 만들기

① 남성형이 -o로 끝나는 경우, 어미를 a로 바꿔요!

médico 의사(남)	→	**médica** 의사(여)	**amigo** 친구(남)	→	**amiga** 친구(여)
hermano 형제	→	**hermana** 자매	**abogado** 변호사(남)	→	**abogada** 변호사(여)

② 남성형이 -자음으로 끝나는 경우, 어미에 a를 더해요!

profesor 선생님(남)	→	**profesora** 선생님(여)	**señor** 아저씨	→	**señora** 아주머니
japonés 일본인(남)	→	**japonesa** 일본인(여)	**español** 스페인인(남)	→	**española** 스페인인(여)

❷ 남성형과 여성형이 같은 단어들

주로 **-e, -ía, -ista로 끝나는 단어**들이에요!

estudiante	**cantante**	**policía**	**artista**
학생	가수	경찰	예술가

❸ 남성형과 여성형이 완전 다른 단어들

일부 단어들은 -e로 끝났음에도 남성형, 여성형이 달라요!

남성형	**presidente** 대통령, 회장	**jefe** 상사, 보스	**padre** 아빠	**hombre** 남자	**actor** 배우(남)
여성형	**presidenta** 대통령, 회장	**jefa** 상사, 보스	**madre** 엄마	**mujer** 여자	**actriz** 배우(여)

? 처음 회화 !

¿Cómo te llamas? 이름이 뭐야?

Me llamo Olivia. ¿Y tú? 난 올리비아야. 너는?

Plus 어휘 me llamo 나는 ~라고 해

Tip ¿Cómo te llamas? 직역하면 '너는 어떻게 불리니?'예요.

Check up 1 다음 중 남성형과 여성형이 바르게 연결된 것은?

① cantante - cantanta
② español - españal
③ señor - señar
④ policía - policía

Check up 2 다음 빈칸을 명사로 채워보세요.

Yo soy Clara. 나는 끌라라입니다.
Yo soy ______________ y ______________ . 나는 한국인이고 선생님입니다.

정답 1. ④ | 2. coreana / profesora

와인은 남자, 맥주는 여자
사물 명사의 성 구분

개념체크 다음 중 여성 명사를 모두 골라보세요.

china	manzana	profesora	ciudad
중국인	사과	선생님	도시

정답 4개(중국인, 사과, 선생님, 도시)

❶ 남성 명사의 어미

-o, -자음, -aje, -ma로 끝나는 단어들은 보통 남성 명사에요.

-o	-자음	-aje	-ma
vino 와인	**pan** 빵	**viaje** 여행	**problema** 문제
vaso 컵	**amor** 사랑	**equipaje** 수하물	**idioma** 언어

하지만... 항상 예외는 있는 법! -o로 끝났지만 여성인 단어들도 있어요.

여성 명사: (la) mano 손, (la) foto 사진, (la) moto 오토바이

❷ 여성 명사의 어미

-a, -ad, -ión으로 끝나는 단어들은 보통 여성이에요.

-a	-ión	-ad
manzana 사과	**estación** 역	**ciudad** 도시
mesa 테이블	**información** 안내소	**universidad** 대학

하지만 이번에도 예외가 있어요! -a로 끝났지만 남성인 단어들도 있답니다.

남성 명사: (el) día 날, 하루, (el) mapa 지도, (el) sofá 소파

③ 그냥 외워야 하는 단어들

-e로 끝나는 단어들은 반은 남성, 반은 여성이에요.

남성 명사			여성 명사		
coche 자동차	**café** 커피	**restaurante** 식당	**leche** 우유	**tarde** 오후	**noche** 밤

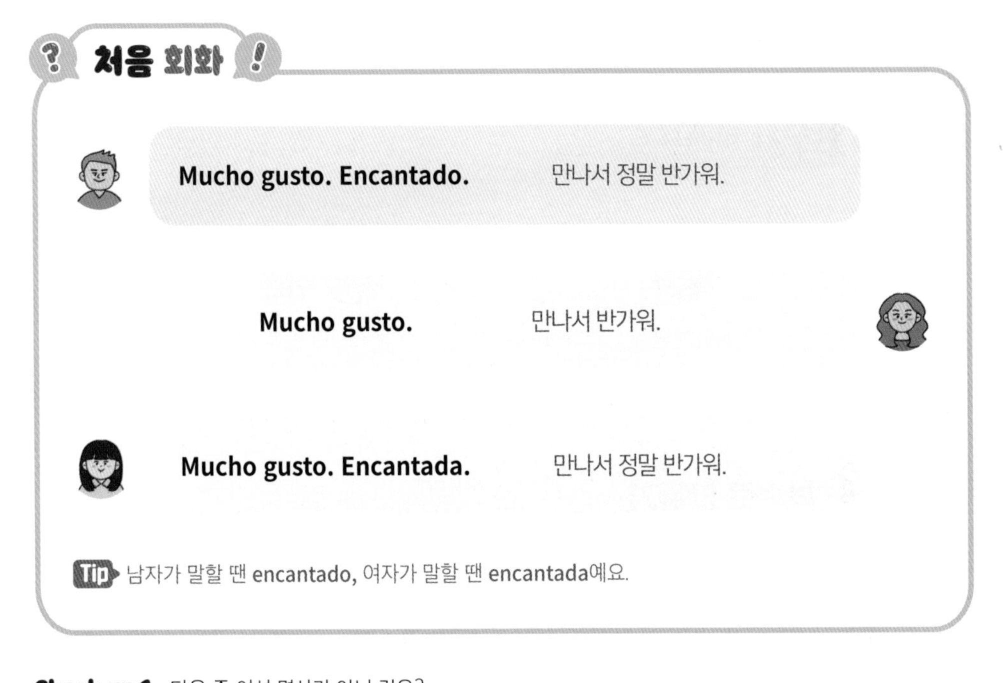

처음 회화

Mucho gusto. Encantado. 만나서 정말 반가워.

Mucho gusto. 만나서 반가워.

Mucho gusto. Encantada. 만나서 정말 반가워.

Tip 남자가 말할 땐 encantado, 여자가 말할 땐 encantada예요.

Check up 1 다음 중 여성 명사가 아닌 것은?

verdad 진실	uva 포도	emoción 감정	sistema 시스템

Check up 2 다음 빈칸을 명사로 채워보세요.

① (la) ______________ 안내소

② (el) ______________ 지도

정답 1. sistema | 2. ① información ② mapa

Lección 10

단수, 복수가 뭐예요? 단수를 복수로 만드는 규칙!

개념체크 다음 중 복수형으로 쓰인 단어를 찾아보세요!

호텔	소녀	여행	꽃들
(el) hotel	(la) chica	(el) viaje	(las) flores

정답 꽃들

❶ 단수, 복수가 뭐예요?

하나면 단수

둘 이상이면 복수

❷ 단수 → 복수로 만들기

모음으로 끝나는 단어는 어미에 's'를 붙여요. 이때 관사 또한 복수형을 써야 해요.

단수		복수	단수		복수
(el) gato 고양이	→	(los) gatos 고양이들	(la) manzana 사과	→	(las) manzanas 사과들
(el) chico 소년	→	(los) chicos 소년들	(la) chica 소녀	→	(las) chicas 소녀들

Tip 사람 명사의 남성 복수형은 모두 남성이거나, 남녀 혼성을 뜻해요.

자음으로 끝나는 단어는 어미에 'es'를 붙여요. 이때도 관사는 복수형을 써야 해요.

단수		복수	단수		복수
(el) hotel 호텔	→	(los) hoteles 호텔들	(la) flor 꽃	→	(las) flores 꽃들

-z로 끝나는 단어는 z를 c로 바꾼 후 'es'를 붙여요

(el) pez 물고기	→	**(los) peces** 물고기들	**(la) actriz** 배우	→	**(las) actrices** 배우들

❸ 주로 복수로 쓰이는 단어들

양말, 신발, 바지처럼 **짝꿍으로 다니는 단어**들은 보통 복수로 쓰여요!

(los) pantalones 바지	**(los) zapatos** 신발, 구두	**(las) botas** 부츠	**(las) gafas** 안경

Ella lleva chaqueta, pantalones, zapatos y gafas.
그녀는 자켓, 바지, 신발, 안경을 착용하고 있어요.

Plus 어휘 ella 그녀 | llevar 입다, 착용하다 | (la) chaqueta 자켓

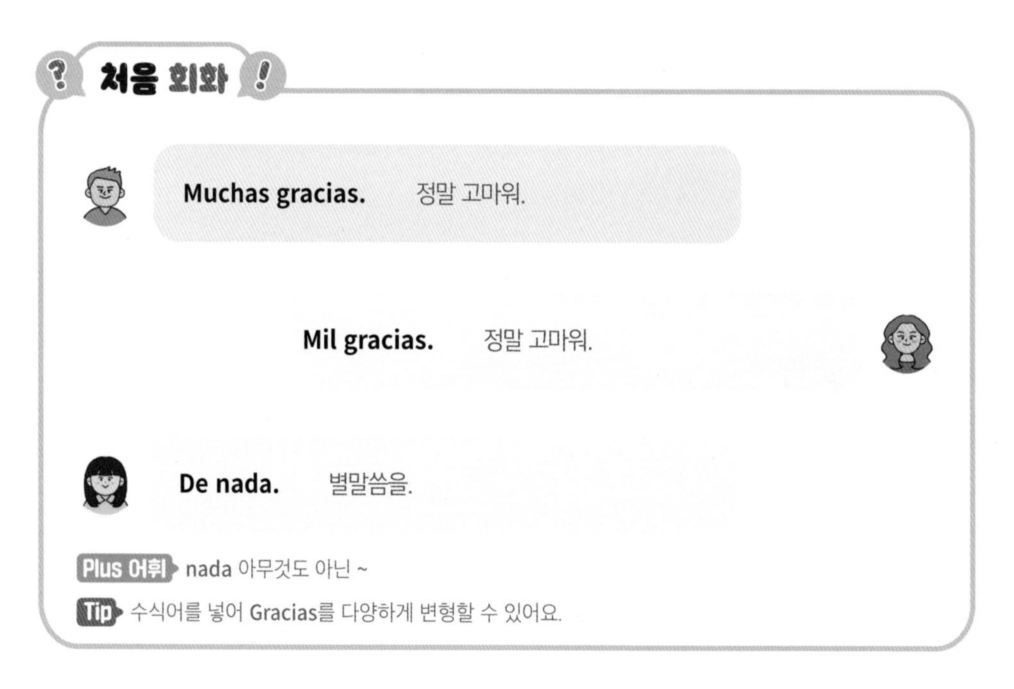

Check up 다음 단수 명사의 올바른 복수형은?

(el) ángel
천사

(los) ángels (los) ángelos (las) ángelas (los) ángeles

정답 los ángeles

형용사란? 개념과 쓰임까지 확실하게!

개념체크 다음 중 형용사는 모두 몇 개일까요?

꽃	슬픈	기쁜	주스	먹다
flor	**triste**	**feliz**	**zumo**	**comer**

정답 2개(슬픈, 기쁜)

❶ 형용사란?

형용사? 형태를 묘사할 때 사용하는 품사

형용 → 形 형태

형용사는 '귀여운, 하얀, 즐거운, 앉아있는, 온순한'과 같이 **모양, 상태, 성질 등을 묘사**하는 단어예요. 형용사는 **명사와 주어를 수식**해요.

(el) perro **bonito**	귀여운 강아지
El perro es **bonito**	강아지는 귀엽다.

❷ 형용사의 위치

대다수 형용사들은 **명사 뒤에서 수식**해요.

(el) perro **blanco**	하얀 강아지
(el) perro **pequeño**	작은 강아지

하지만 **명사 앞에서 수식하는 형용사**들도 있어요.

¡**Buena** idea!	좋은 생각이다!
¡**Feliz** Navidad!	메리 크리스마스!

❸ 스페인어 형용사의 특징

수식하는 명사의 성, 수에 따라 형태가 바뀌어요! 이것을 성·수 일치라고 해요.

blanco 하얀			
남성 단수	(el) libro blanco 하얀 책	남성 복수	(los) libros blancos 하얀 책들
여성 단수	(la) casa blanca 하얀 집	여성 복수	(las) casas blancas 하얀 집들

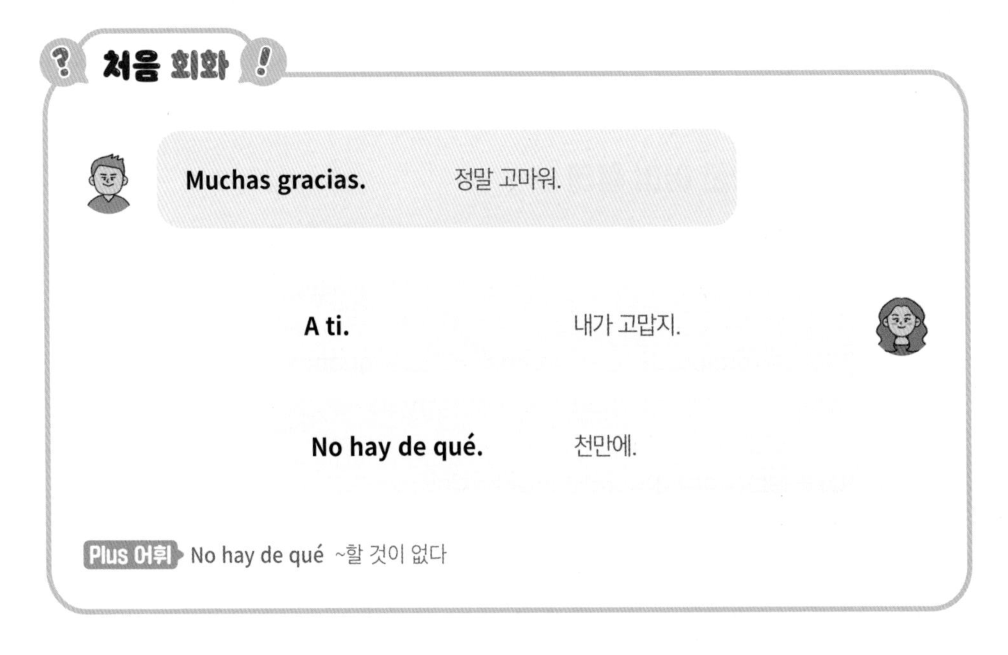

Check up 1 '하얀 도시'를 스페인어로 바르게 쓴 것은?

(el) ciudad blanco (el) ciudad blanca (la) ciudad blanco (la) ciudad blanca

Check up 2 다음 빈칸에 들어갈 단어로 옳은 것은?

¡ __________ idea!
좋은 생각이야!

Feliz Buenas Buena Pequeña

정답 1. (la) ciudad blanca | 2. Buena

Lección 12

치꼬 구아뽀 치까 구아빠 스페인어의 꽃, 성·수일치

개념체크 명사, 형용사에 관한 설명으로 옳은 것을 모두 고르세요.

1. 스페인어의 모든 명사는 성(性)을 가지고 있다.
2. 명사는 '자연의 성, 문법의 성' 둘 중 하나의 성을 갖는다.
3. 형용사는 성 · 수변화를 한다.
4. 형용사의 성에 따라 명사의 형태가 결정된다.

정답 1, 2, 3

❶ 형용사의 다양한 어미 형태

남성 단수형이 –o로 끝나는 형용사는 어미를 –a로 바꿔 여성형을 만들어요.

	남성 단수	여성 단수	남성 복수	여성 복수
guapo 잘생긴, 예쁜	guapo	guapa	guapos	guapas

–o 이외의 철자로 끝나는 형용사는 남성형, 여성형이 같아요.

	남성 단수	여성 단수	남성 복수	여성 복수
interesante 재미있는	interesante	interesante	interesantes	interesantes

	남성 단수	여성 단수	남성 복수	여성 복수
azul 파란	azul	azul	azules	azules

단, **-dor로 끝나는 단어**는 남성형, 여성형을 구분해요.

	남성 단수	여성 단수	남성 복수	여성 복수
hablador 말이 많은	hablador	habladora	habladores	habladoras

❷ 성·수 일치 연습

자, 그러면 명사 'chico/a 소년, 소녀'와 형용사 'guapo/a 잘생긴, 예쁜'을 활용해서 명사와 형용사의 성·수일치를 연습해 볼까요?

(el) chico guapo 잘생긴 소년	(los) chicos guapos 잘생긴 소년들
(la) chica guapa 예쁜 소녀	(las) chicas guapas 예쁜 소녀들

El chico guapo es mi amigo. 잘생긴 소년은 내 친구다.

Plus 어휘 mi 나의 | (el/la) amigo/a 친구

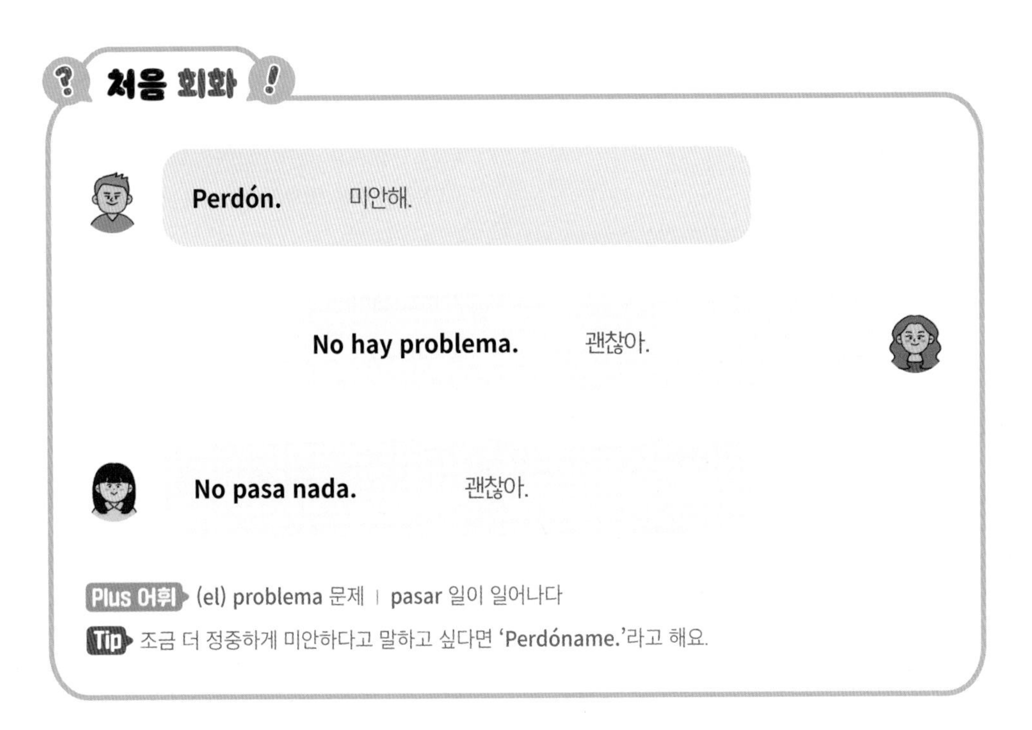

처음 회화

Perdón. 미안해.

No hay problema. 괜찮아.

No pasa nada. 괜찮아.

Plus 어휘 (el) problema 문제 | pasar 일이 일어나다

Tip 조금 더 정중하게 미안하다고 말하고 싶다면 'Perdóname.'라고 해요.

Check up 다음 빈칸에 들어갈 단어로 옳은 것은?

(los) calcetines ________
파란 양말

azul　　azulos　　azulas　　azules

정답 azules

종합 연습문제

A 다음 문제를 풀어 보세요.

1 명사에 관한 설명으로 옳지 않은 것은?

① 스페인어의 거의 모든 명사는 남성 또는 여성의 성별을 가진다.

② 사람 명사는 본래의 '자연적인 성'을 따른다.

③ 어미 형태를 보고 명사의 성별을 유추할 수 있다

④ 모든 명사는 셀 수 있는 '가산명사'이다.

2 다음 중 고유 명사는?

① Corea

② coreano

③ mujer

④ libro

3 명사의 성별을 나타내는 표시가 아닌 것은?

① el

② le

③ los

④ las

4 남성형-여성형이 잘못 연결된 것은?

① coreano-coreana

② hombre-mujer

③ señor-señar

④ policía-policía

5 다음 중 여성 명사가 아닌 것은?

① chica

② manzana

③ ciudad

④ problema

6 나머지와 성별이 다른 하나는?

① actriz

② coche

③ chico

④ sistema

B 문제에 맞게 답변하세요.

1 주어진 단어의 여성형을 쓰세요.

profesor →

2 주어진 단어의 여성형을 쓰세요.

amigo →

3 주어진 단어의 복수형을 쓰세요.

profesor →

4 주어진 단어의 복수형을 쓰세요.

estudiante →

5 빈칸에 들어갈 적절한 단어를 쓰세요.

→ ¿Cómo ______ ______ ?

너 이름이 뭐야?

6 빈칸에 들어갈 적절한 단어를 쓰세요.

→ Me ______ Clara.

나는 끌라라야.

처음 Talk talk!

MP3를 들으며 스페인어 기초 회화 표현을 말해 보세요.

¡Madre mía!
세상에나!

¿Qué es esto?
이게 뭐예요?

¿Cómo te llamas?
이름이 뭐야?

Me llamo Sara.
난 사라야.

Encantado.
만나서 반가워.

Mucho gusto. Encantada.
만나서 정말 반가워.

Unidad

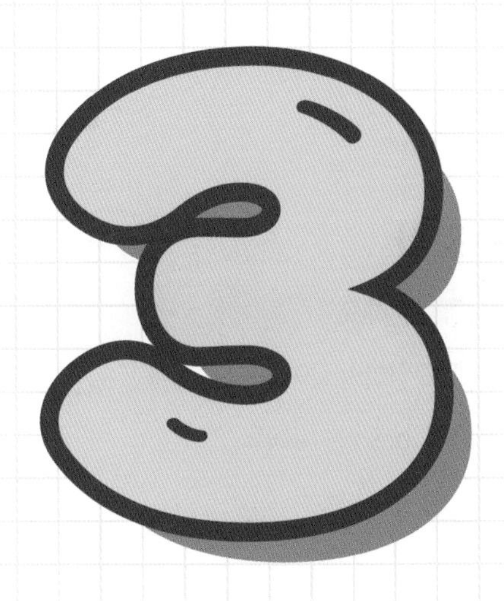

처음 회화 part.1
인사하기

¡Buenos días! 좋은 아침들이야! 왜 복수로 인사해요?

개념체크 다음 표현을 스페인어로 말해보세요.

잘 지내? 어떻게 지내?

정답 ¿Cómo estás? 또는 ¿Qué tal?

❶ 스페인어권의 인사 문화

1. 아침, 점심, 저녁 시간대별 인사를 구분해요.
2. 하와유? 잘 지내? 안부를 묻는 것도 영어와 같아요.
3. 볼을 맞대며 쪽 소리를 내는 인사법 'beso'를 나눠요.

❷ 만났을 때 인사

인사 표현에서도 성수일치는 기본이에요.

¡Hola! 안녕!, 안녕하세요!	**¡Buenos días!** 좋은 아침이야!
¡Buenas tardes! 좋은 오후야!	**¡Buenas noches!** 좋은 밤이야! (잘 자!)
¿Cómo estás? 잘 지내?	**¿Qué tal?** 잘 지내?

Plus 어휘 bueno/a 좋은 ㅣ (el) día 날, 하루 ㅣ (la) tarde 오후 ㅣ (la) noche 밤 ㅣ cómo 어떻게(how)

❸ 처음/오랜만에 만났을 때 인사

Mucho gusto. 만나서 반가워.	**Encantado/a.** 만나서 반가워.
¡Cuánto tiempo! 오랜만이야!	**¡Tanto tiempo!** 오랜만이야!

처음 회화

¿Qué tal tu viaje? 여행 어땠어?

¡Estupendo! 멋졌어!

¡Maravilloso! 정말 최고였어!

Plus 어휘 (el) viaje 여행

Tip ¿Qué tal~?은 '~가 어땠어?'라는 뜻으로도 사용해요.

Check up 다음 중 남자가 할 말로 적절하지 않은 것은?

¿Cómo estás?

Bien. Mucho bien. Muy bien. Todo bien.

정답 Mucho bien.

Lección 14

¡Adiós! DIOS는 냉장고가 아니고요...

개념체크 다음 표현을 스페인어로 말해보세요.

나중에 봐!

정답 ¡Hasta luego!

❶ 일상의 작별 인사

¡Adiós! 잘 가!	**¡Chao!** 잘 가!
¡Hasta luego! 나중에 봐!	**¡Hasta mañana!** 내일 봐!
¡Hasta pronto! 곧 봐!	**¡Buenas noches!** 좋은 밤 되세요! (잘 자!)

Plus 어휘 hasta ~까지 | luego 나중에 | mañana 내일 | pronto 곧

❷ 조금 더 특별한 작별 인사

¡Cuídate!	조심해! (조심히 들어가!)
¡Que te vaya bien!	잘 지내길 바라!, 좋은 하루 보내!
¡Buen viaje!	좋은 여행 되길 바라!

❸ 문자나 메일에서의 작별 인사

Un beso	Un abrazo	Un abrazo fuerte
키스를 보낸다	포옹을 보낸다	강한 포옹을 보낸다

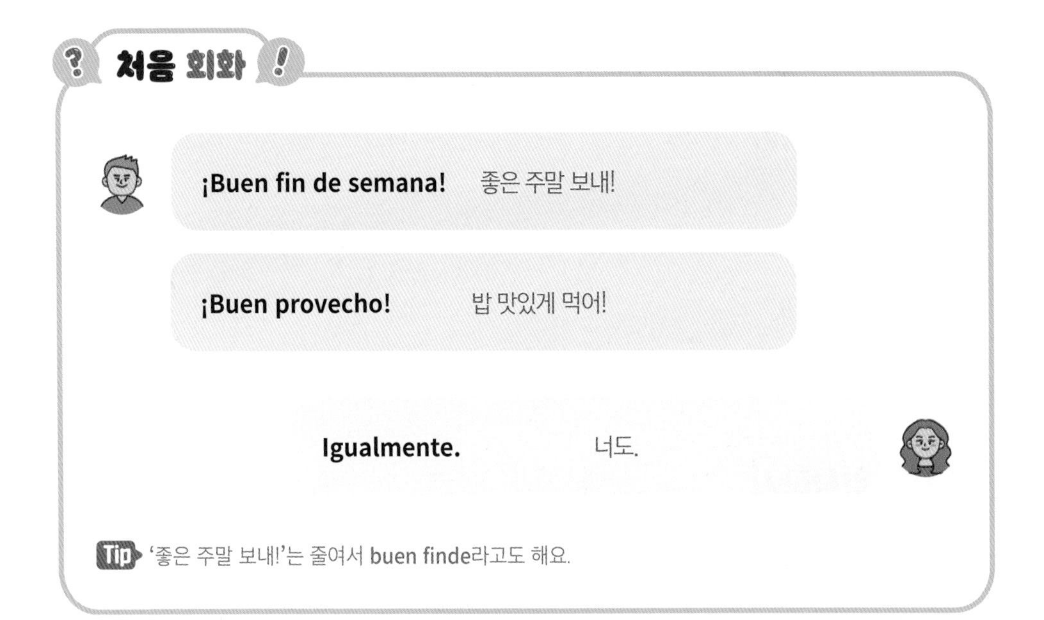

Check up 다음 중 남자가 할 말로 적절하지 않은 것은?

정답 ¡Gracias!

Lección 15

무초 X 무차스 O 그라씨아스 자나깨나 성·수일치

개념체크 다음 표현을 스페인어로 말해보세요.

고마워.

정답 Gracias.

❶ 감사 인사하기

Gracias.	고마워.
Muchas gracias.	정말 고마워.
Gracias por todo.	전부 고마워.

Plus 어휘 mucho/a 많은 | gracias 감사 | gracias por ~에 대해 고마운

❷ 사과 인사하기

가까운 사이에 오가는 사과의 말과 가깝지 않은 사이의 사과의 말을 구분해요. 먼저 친한 사이에 주고받는 사과 표현이에요.

Perdón.
미안해.

Perdona.
미안해.

Tip ¿Perdón?과 같이 말꼬리를 올리면 '다시 말해주실래요?'라는 뜻이 돼요.

가깝지 않은 사이 또는 공식적인 자리에 적합한 사과 표현이에요.

Perdone.
미안해요, 죄송해요.

Disculpe.
미안해요, 죄송해요.

Tip 위 표현들은 모두 주의를 끄는 상황에서의 '실례합니다(excuse me)'로 사용되기도 해요.

❸ 상황별 인사말

축하하기

¡Enhorabuena!	축하해! (승진, 시험과 같은 구체적인 성취)
¡Felicidades!	축하해! (생일 등의 기념일)
¡Feliz cumpleaños!	생일 축하해!

감정에 공감하기

Lo siento.	유감입니다.
Lo siento mucho.	깊이 유감입니다.

Tip Lo siento는 '미안해'라는 사과의 말로도 쓰여요.

Check up 다음 빈칸에 들어갈 단어로 옳은 것은?

¡Feliz ________ Nuevo!
새해 복 많이 받으세요!

Cumple Año Mañana Ajo

정답 Año

Unidad 3

종합 연습문제

A 다음 문제를 풀어 보세요.

1 안부를 묻는 표현으로 적절하지 않은 것은?

① ¿Cómo estás?

② ¿Cómo está?

③ ¿Cómo es?

④ ¿Qué tal?

2 다음 중 인사말로 잘못된 문장은?

① ¡Buenas días!

② ¡Buenas tardes!

③ ¡Buenas noches!

④ ¡Hola!

3 아래 문장을 스페인어로 옳게 쓴 것은?

좋은 주말 보내!

① ¡Buen fin de semana!

② ¡Buen viaje!

③ ¡Hasta pronto!

④ ¡Hasta mañana!

4 작별 인사로 적절하지 않은 것은?

① ¡Cuídate!

② ¡Cuánto tiempo!

③ ¡Buenas noches!

④ ¡Hasta luego!

5 대화의 흐름이 어색한 것은?

① Gracias – No hay de qué.

② ¡Buenas noches! – ¡Chao!

③ Lo siento – No pasa nada.

④ ¡Enhorabuena! – ¡Encantado!

6 아래 대답으로 이어지는 질문이나 표현은?

De nada.

① Lo siento mucho.

② Gracias por todo.

③ ¡Buen provecho!

④ ¿Perdón?

B 제시된 문장의 빈칸을 채워 보세요.

1 안녕, 좋은 오후야!

→ ¡Hola, buenas ________ !

2 잘 지내세요?

→ ¿Cómo ________ ?

3 오랜만이야!

→ ¡ ________ tiempo!

4 생일 축하해!

→ ¡ ________ cumpleaños!

5 내일 봐!

→ ¡Hasta ________ !

6 괜찮아.

→ No hay ________ .

처음 Talk talk!

MP3를 들으며 스페인어 기초 회화 표현을 말해 보세요.

¡Chao!
잘 가!, 안녕!

¡Adiós, hasta luego!
잘 가, 나중에 봐!

¡Que te vaya bien!
잘 지내길 바라, 좋은 하루 보내!

Perdón, ¿puedo pasar?
실례합니다, 지나가도 될까요?

Sí, claro.
네, 그럼요.

¿Perdón?
뭐라고요? / 다시 말해줄래요?

Unidad

스페인어 be 동사
SER "~이다"

문장 만들기 첫걸음! 주어란?

개념체크 다음 문장의 주어는 무엇일까요?

어제	서울에는	비가	내렸다.

정답 비가

❶ 주어란?

~은/는/이/가 ~하다.

↳ 행위나 동작(동사)의 **주**체인 단**어**

❷ 스페인어 문장의 어순 알기

· 주어 + 동사 + 목적어

		Yo	como	carne.
나는 고기를 먹는다.	⇨	주어	동사	목적어

· 주어 + 동사 + 보어

나는 선생님이다.	⇨	**Yo** 주어	**soy** 동사	**profesor.** 보어(명사)
나는 혼자 산다.	⇨	**Yo** 주어	**vivo** 동사	**solo.** 보어(형용사)
나는 빠르게 달린다.	⇨	**Yo** 주어	**corro** 동사	**rápido.** 보어(부사)

❸ 주어의 특징과 자격

명사, 동명사, 동명사구 등이 주어가 될 수 있어요. 주어의 인칭에 따라 동사 형태가 바뀌어요.

'comer 먹다' 동사를 활용한 예문이에요.

Yo **como** carne.	나는 고기를 먹는다.
Tú **comes** carne.	너는 고기를 먹는다.
El tigre **come** carne.	호랑이는 고기를 먹는다.
Comer **es** importante.	먹는 것은 중요하다.
Comer carne **es** importante.	고기를 먹는 것은 중요하다.

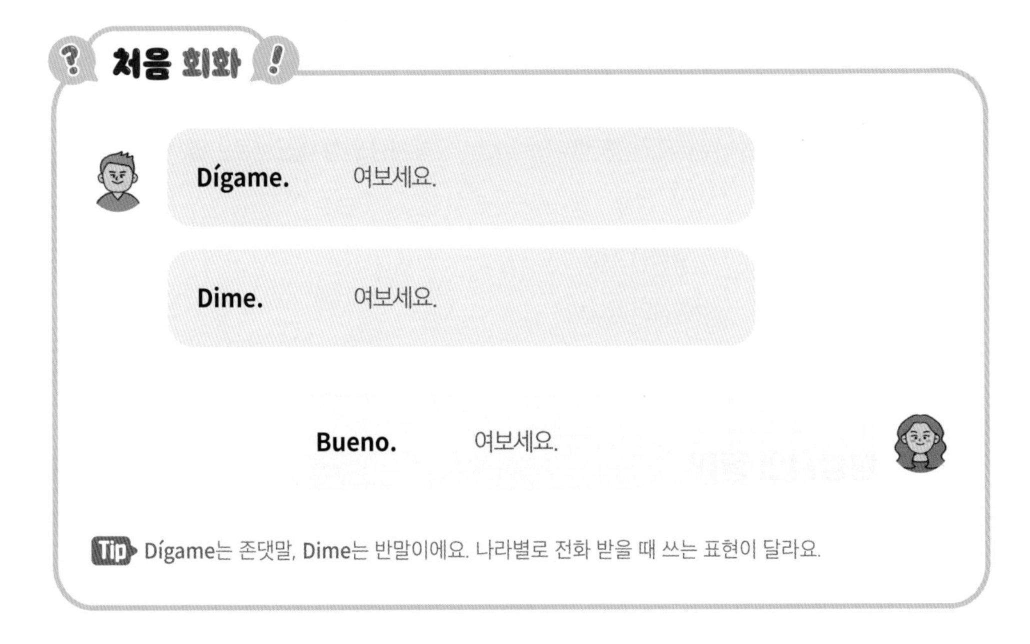

Check up 1 다음 중 주어가 될 수 없는 것은?

(la) felicidad	feliz	viajar	(el) viaje

Check up 2 다음 중 단어와 뜻이 잘못 연결된 것은?

(la) carne	(el) tigre	importante	Yo
먹다	호랑이	중요한	나

정답 1. feliz | 2. (la) carne 먹다

Lección 17

인칭대명사 = 나, 너, 우리를 스페인어로!

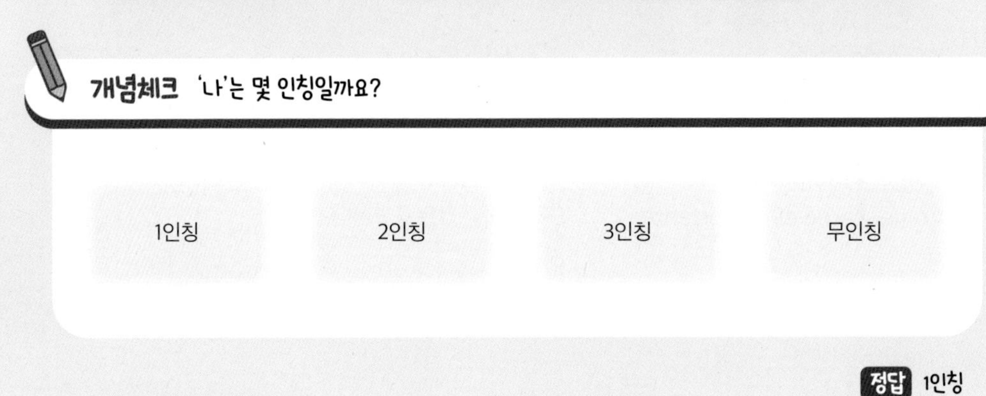

❶ 인칭대명사란?

모든 존재는 1, 2, 3인칭으로 나뉘어요. 인칭대명사는 '나, 너, 우리'처럼 **인칭 대신** 부르는 **명사**예요.

구분	대상	단수	복수
1인칭	말하는 사람	나	우리들
2인칭	1인칭의 상대방	너	너희들
3인칭	1, 2인칭을 제외한 모든 대상	그, 그녀	그들, 그녀들

❷ 인칭대명사의 형태

	단수		복수	
1인칭	**Yo**	나	**Nosotros**	우리들(모두 남성/혼성)
			Nosotras	우리들(모두 여성)
2인칭	**Tú**	너	**Vosotros**	너희들(모두 남성/혼성)
			Vosotras	너희들(모두 여성)
3인칭	**Usted**	당신	**Ustedes**	당신들
	Él	그	**Ellos**	그들(모두 남성/혼성)
	Ella	그녀	**Ellas**	그녀들(모두 여성)

Tip **Tú**와 **Él**은 띨데 유무에 따라 뜻이 바뀌니 주의하세요. **Usted**은 **Ud.** 로, **Ustedes**는 **Uds.** 로 줄여 써요.

❸ 주어의 특징과 자격

인칭대명사를 **주어**로 문장을 만들 수 있어요.

Yo soy amable.	나는 친절하다.
Tú eres amable.	너는 친절하다.
Él es amable.	그는 친절하다.
Ella es amable.	그녀는 친절하다.

Plus 어휘 amable 친절한

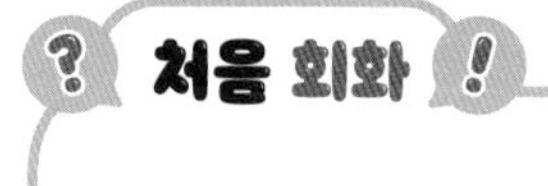

Hola, guapa. 안녕, 예쁜이.

Hola, guapo. 안녕, 멋쟁이.

Hola, tío. 안녕, 친구.

Tip tío는 친구들 간의 애칭으로 사용해요. 사전적 의미는 삼촌이에요.

Check up 그림의 대상을 지칭하는 인칭대명사는?

Ellos　　Ella　　Nosotros　　Ellas

정답 Ellas

Lección 18

"나는 끌라라야"
SER 동사 1. 이름, 직업 말하기

개념체크 아래 단어는 몇 인칭일까요?

Tú y yo

1인칭 복수 / 2인칭 복수 / 3인칭 복수 / 비인칭

정답 1인칭 복수 (나를 포함한 다수)

❶ 스페인어의 be동사 SER "~이다"

Yo	나	soy	Nosotros / Nosotras	우리들	somos
Tú	너	eres	Vosotros / Vosotras	너희들	sois
Usted	당신	es	Ustedes	당신들	son
Él	그		Ellos	그들	
Ella	그녀		Ellas	그녀들	

SER 동사는 영어의 be 동사와 의미와 용법이 비슷해요. 'SER 동사 + 명사' 형태로는 **이름, 직업 등**을 나타낼 수 있고, 'SER 동사 + 형용사' 형태로는 **국적, 성격, 외모 등**을 나타낼 수 있어요.

❷ SER 동사로 이름과 직업 말하기

스페인어로 이름을 말하는 것은 아주 쉬워요. **SER 동사 뒤에 이름**만 넣으면 끝! 이름은 항상 대문자로 써요.

Yo **soy** Clara.	나는 끌라라야.
Tú **eres** David.	너는 다빗이야.
Él **es** Miguel.	그는 미겔이야.
Ella **es** Ana.	그녀는 아나야.

스페인어로 직업도 말해 볼까요? **SER 동사 뒤에 직업 명사**를 넣으면 끝이에요! 단, 주어-보어 간의 **성·수 일치에 주의하세요.**

Yo **soy** médico/a.	나는 의사야.
Tú **eres** profesor/-a.	너는 선생님이야.
Él(Ella) **es** estudiante.	그(그녀)는 학생이야.

Plus 어휘 (el/la) médico/a 의사 | (el/la) profesor/-a 선생님

주어가 복수일 때는 특히 더 주의해요.

Nosotr**os** somos médic**os**.	우리는 의사야. (남자)
Vosotr**as** sois profesor**as**.	너희들은 선생님이야. (여자)
Ellos(Ellas) son estudiante**s**.	그들은(그녀들은) 학생이야.

? 처음 회화 !

¿Cuál es tu nombre? 네 이름이 뭐야?

Mi nombre es Sona. 내 이름은 소나야.

Me llamo Sona. 내 이름은 소나야.

Plus 어휘 (el) nombre 이름

Tip ¿Cuál es tu nombre?는 ¿Cómo te llamas?와 같은 뜻이에요.

Check up 다음 중 주어와 SER 동사가 잘못 연결된 것은?

Yo – soy	Ellos – es	Ella – es	Ella y tú – sois

정답 Ellos – es

Lección 19

"나는 한국인이야" SER 동사 2. 국적, 외모&성격 말하기

개념체크 다음 중 SER 동사의 동사 변화형이 아닌 것을 골라보세요.

soy somos eres soys

정답 soys

❶ 국적 말하기

SER 동사를 활용해서 국적을 말할 수 있어요. 먼저 주요 국가들의 국명과 국적 형용사를 알아봐요.

국명		국적 형용사	
Corea	대한민국	coreano	coreana
China	중국	chino	china
Japón	일본	japonés	japonesa
España	스페인	español	española
México	멕시코	mexicano	mexicana

'**SER 동사 + 국적 형용사**'로 국적을 말할 수 있어요. 주어-보어 간의 성·수 일치에 항상 주의하세요.

Yo **soy** coreano.	나는 한국인이야.
Vosotros **sois** chinos.	너희들은 중국인이야.
Él **es** español.	그는 스페인 사람이야.
Ellas **son** españolas.	그녀들은 스페인 사람이야.

'**ser de 국명**'으로 '~출신이다'를 표현할 수 있어요. 국명의 첫 글자는 대문자로 써요.

Yo **soy de** Corea.	나는 한국 출신이야.
Nosotros **somos de** México.	우리는 멕시코 출신이야.

❷ 외모&성격 묘사하기

SER 동사로 **외모에 관한 여러 표현들**을 말해 봐요.

Yo soy guapo.	나는 잘생겼어.
Tú eres alto.	너는 키가 커.
Él es gordo.	그는 뚱뚱해.

성격에 관한 여러 표현들도 말해 봐요.

Yo soy amable.	나는 친절해.
Tú eres simpático.	너는 착해.
Él es trabajador.	그는 성실해.

Plus 어휘 alto/a 키가 큰 | gordo/a 뚱뚱한 | simpático/a 착한, 좋은 | trabajador/-a 성실한

? 처음 회화 !

¿De dónde eres? 넌 어디 출신이니?

Yo soy de México. 난 멕시코에서 왔어.

Yo soy mexicana. 난 멕시코 사람이야.

Plus 어휘 dónde 어디에 | ser de ~출신이다

Tip ¿De dónde eres?는 국적뿐만 아니라 출신 지역을 물을 때도 써요.

Check up 빈칸에 들어갈 가장 적절한 단어는?

Ellos son de ________________.

그들은 멕시코 출신이다.

Méxicos | mexicanos | mexicanas | México

정답 México

Lección 20

"(나는) 학생이야" 주어를 생략할 수 있어요!

개념체크 다음 문장의 숨겨진 주어는 무엇일까요?

_____ eres coreana.

Yo | Tú | Él | Ella

정답 Tú

❶ 인칭대명사 주어의 생략

SER 동사는 주어에 따라 무려 6가지 형태로 변해요. 그래서 동사만 보고 주어를 딱 알 수 있을 때는 주어를 생략해도 돼요. 대상이 다양한 3인칭은 맥락상 주어가 분명히 드러나는 경우에만 '주어 생략'이 가능해요.

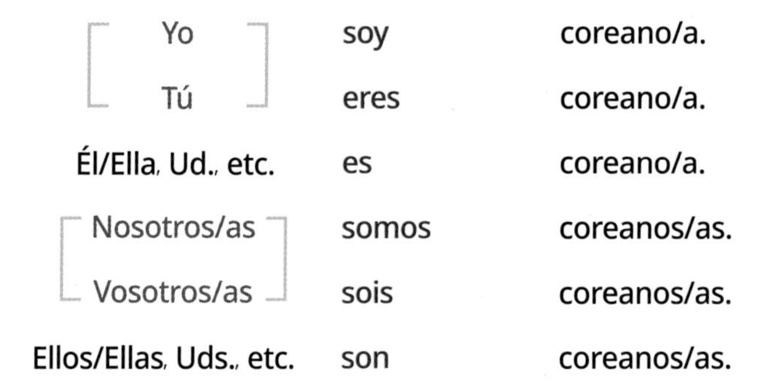

[Yo]	soy	coreano/a.
[Tú]	eres	coreano/a.
Él/Ella, Ud., etc.	es	coreano/a.
[Nosotros/as]	somos	coreanos/as.
[Vosotros/as]	sois	coreanos/as.
Ellos/Ellas, Uds., etc.	son	coreanos/as.

❷ 실전 '주어 생략' 활용하기

A: Hola, soy David. Soy de México.	안녕, 난 다빗이야. 멕시코에서 왔어.
B: ¡Guau! También soy de México.	와우! 나도 멕시코에서 왔어.

Plus 어휘 ¡Guau! (감탄사) Wow | también ~또한

A: ¿Quién es ella? 그녀는 누구니?
B: Es mi amiga, Mica. Es argentina. 내 친구 미카야. 아르헨티나 사람이야.

Plus 어휘 quién 누구 (의문사) | (el/la) argentino/a 아르헨티나 사람

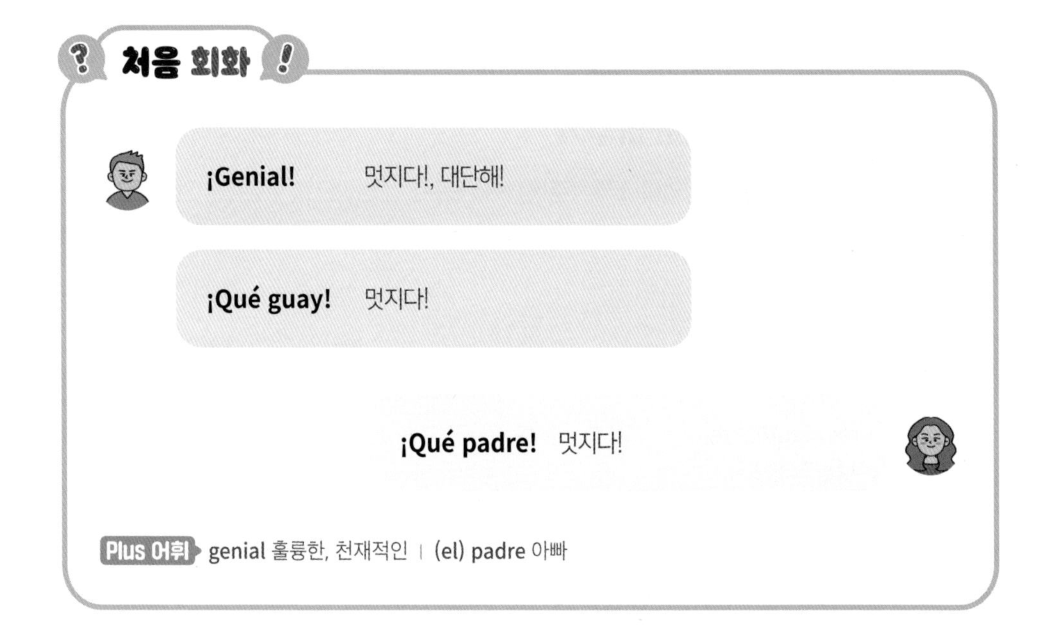

Check up 1 다음 중 대, 소문자가 바르게 사용된 것은?

① Mica es Argentina.
② Messi es argentino.
③ Javier es de españa.
④ ¿Quién es olivia?

Check up 2 아래 문장의 생략된 주어는?

¿Quién eres?

Yo Tú Él Ella

정답 1. ② Messi es argentino. | 2. Tú

Lección 21

"~가 아니다", "~이니?" 초간단 부정문, 의문문 만들기!

개념체크 가장 적당한 'No'의 위치를 골라보세요.

① Yo ② soy ③ estudiante.

나는 학생이 아니야.

정답 ②

❶ 긍정문 → 부정문으로 바꾸기

스페인어에서는 동사 종류에 상관없이 모두 '**(주어)+No+동사**'의 방법으로 부정문을 만들어요! 부정문을 만들 때는 No와 동사는 떨어지지 않아요.

긍정 "~이다"		부정 "~가 아니다"
Soy estudiante. 나는 학생이다.		**No** soy estudiante. 나는 학생이 아니다.
Eres estudiante. 너는 학생이다.	**VS.**	**No** eres estudiante. 너는 학생이 아니다.
Clara es estudiante. 끌라라는 학생이다.		Clara **no** es estudiante. 끌라라는 학생이 아니다.

❷ 의문문의 개념과 종류

의문문은 질문할 때 사용해요. 의문문은 크게 두 종류로 나뉘어요. 의문사가 없는 의문문은 '~인지 아닌지'를 묻고, 의문사가 있는 의문문은 '어느 나라 사람이니?'처럼 특정 정보를 물을 때 써요.

의문사가 없는 의문문	의문사가 있는 의문문	
~이니? / ~입니까?	**cuándo** 언제 ~?	**dónde** 어디서 ~?
	cómo 어떻게 ~?	**por qué** 왜 ~?

❸ 평서문 → 의문문으로 바꾸기

평서문을 의문문으로 만드는 방법은 아주 쉬워요. 먼저 '~이다'로 끝나는 평서문을 준비한 후, 말꼬리를 올리며 궁금한 표정을 지으면 끝! 만약 글로 쓰는 경우에는 물음표를 앞, 뒤로 써 주세요. 그럼 연습해 볼까요?

Eres estudiante.	→ ¿Eres estudiante?	너는 학생이니?
Soy guapa.	→ ¿Soy guapa?	제가 예뻐요?
Alejandro es español.	→ ¿Alejandro es español?	알레한드로는 스페인 사람이니?
Sois españoles.	→ ¿Sois españoles?	너는 스페인 사람이니?

'~ 아니니?'라는 부정문으로도 질문할 수 있어요.

No eres japonés.	→ ¿**No** eres japonés?	너는 일본인이 아니니?
Clara **no** es japonesa.	→ ¿Clara **no** es japonesa?	끌라라는 일본인이 아니니?
Uds. **no** son chilenos.	→ ¿Uds. **no** son chilenos?	너희들은 칠레 사람이 아니니?

처음 회화

Eres española, ¿verdad? 너 스페인 사람이지, 그렇지?

Eres española, ¿no? 너 스페인 사람이지, 아니야?

No. Soy mexicana. 아냐. 난 멕시코 사람이야.

Plus 어휘 (la) verdad 진실, 진심

Check up 다음 중 의문문을 옳게 쓴 것은?

① Tú eres chileno?
② ¿Eres chileno?
③ ¿Eres no chileno?
④ No eres chileno?

정답 ② ¿Eres chileno?

Sí o no 질문에 답하기

개념체크 'Yes'를 뜻하는 스페인어로 옳은 것을 골라보세요.

Sí **Si**

정답 Sí

❶ 긍정어 Sí와 부정어 No

Sí와 No는 **의문사가 없는 질문에 대한 답변**으로 쓰여요.

Sí 네	**No** 아니요

❷ 긍정 의문문에 답하기

'~이니?'라고 물어보는 **긍정 의문문일 경우**, Sí 또는 No로만 대답하거나 문장으로 답할 수 있어요.

질문		**¿Eres alto?** 너는 키가 크니?	
		⬇	
답변	단답형	**Sí.**	응.
		No.	아니.
	문장형	**Sí, soy alto.**	응, 나는 키가 커.
		No, no soy alto.	아니, 나는 키가 크지 않아.
		No. Soy bajo.	아니. 나는 작아.

❸ 부정 의문문에 답하기

'~ 아니니?'라고 물어보는 **부정 의문문일 경우**에는 조금 달라요. 부정에 대한 긍정은 No, 부정에 대한 부정은 Sí로 답변해요.

질문		**¿No eres japonés?** 너는 일본인이 아니니?	
		⬇	
답변	단답형	**No.**	아니. (부정에 대한 긍정)
		Sí.	응. (부정에 대한 부정)
	문장형	**No**, no soy japonés.	아니, 나는 일본인이 아니야.
		Sí, soy japonés.	응, 나는 일본인이야.
		No. Soy coreano.	아니. 나는 한국인이야.

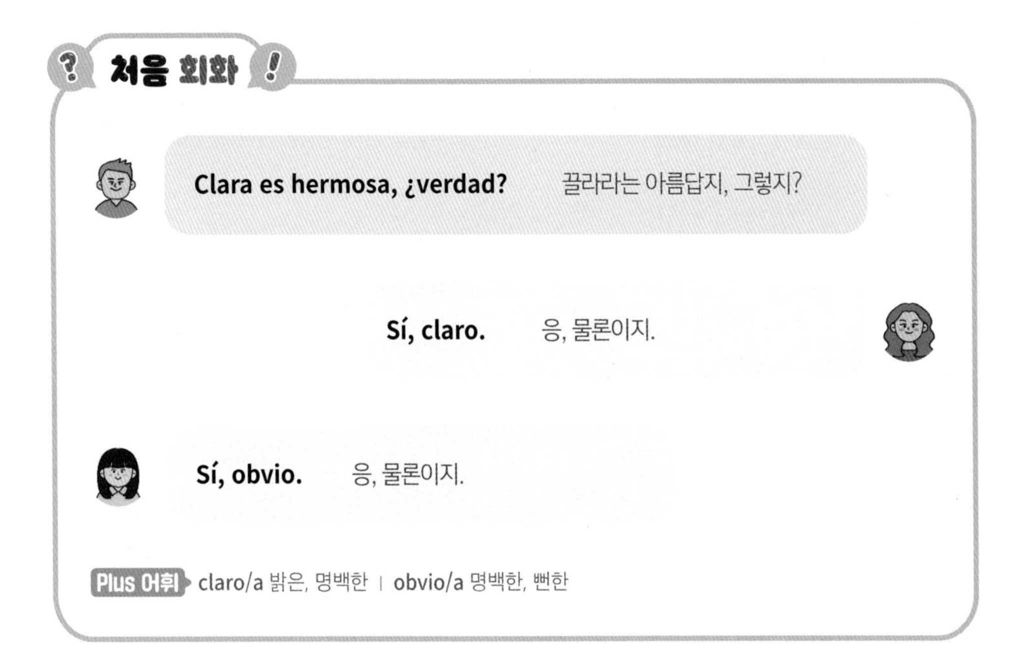

Check up 빈칸에 들어갈 단어로 옳은 것은?

¿No eres Javi?

☐. Soy Javi.

Sí　　　　No

종합 연습문제

A 다음 문제를 풀어 보세요.

1 단어와 뜻이 잘못 연결된 것은?

① Yo – 나

② La – 그녀

③ Usted – 당신

④ Ellos – 그들

2 주어와 동사를 옳게 연결한 것은?

① Tú – es

② Tú y yo – somos

③ Vosotros – son

④ Usted – son

3 다음 중 문법적으로 옳지 않은 문장은?

① Ella es profesor.

② Ella es coreana.

③ Ellas son profesoras.

④ Ellas son coreanas.

4 의문문의 형태로 옳지 않은 것은?

① ¿Ella es argentina?

② ¿Eres china?

③ ¿Eres no coreana?

④ ¿Ellos son de Seúl?

5 국명과 국적 형용사가 옳게 연결된 것은?

① China – chino (남) – china (여)

② España – español (남) – españa (여)

③ México – mexicano (남) – mexica (여)

④ Japón – japono (남) – japona (여)

6 ¿Cuál es tu nombre?의 답변으로 옳지 않은 것은?

① Mi nombre es Olivia.

② Yo soy Olivia.

③ Sí, soy Olivia.

④ Me llamo Olivia.

B 빈칸을 채워 문장을 완성하세요.

1 내 친구는 스페인 출신이야.

→ Mi amigo es de ______ .

2 그들은 잘 생겼습니다.

→ Ellos son ______ .

3 너는 어디 출신이니?

→ ¿De ______ eres?

4 멋지다!

→ ¡Qué ______ !

5 너는 한국인이니?

→ ¿ ______ coreano?

6 응, 나는 한국인이야.

→ ______ , ______ coreano.

처음 Talk talk!

MP3를 들으며 스페인어 기초 회화 표현을 말해 보세요.

Dígame.
여보세요. (존댓말)

Dime.
여보세요. (반말)

¿Cuál es tu nombre?
네 이름이 뭐야?

Mi nombre es Sona.
내 이름은 소나야.

¿De dónde eres?
넌 어디 출신이니?

¡Genial!
멋지다!, 대단해!

Unidad

기초 튼튼 개념 정리, 관사

Lección 23

관사가 뭔가요? 관사 쉽게 이해하기

개념체크 다음 중 관사의 '관'은 무엇을 의미할까요?

관직 체육관 관객 왕관

정답 왕관

❶ 관사란?

관 사? 화관, 왕관처럼 어딘가에 씌워요.
└→冠 : 모자, 갓

관사는 단독으로 사용하지 않고 꼭 어딘가에 씌워서 써요. 명사가 주로 관을 써서, 관사는 **명사의 모자**라고 이해하면 돼요.

❷ 관사의 종류

관사는 정관사와 부정관사 두 종류로 나뉘어요.

정관사	부정관사
정해진 명사 앞에 쓰는 것	정해지지 않은 명사 앞에 쓰는 것

A: Hay un libro. **책**이 한 권 있다. (정해지지 않은 책, 모르는 책)
B: Es el libro de Sofía. 소피아의 **책**이야. (정해진 책, 아는 책)

정관사는 특정한 사람이나 사물을 가리킬 때 사용해요. 예를 들어, 'el libro 그 책'처럼 이미 앞에서 언급했거나 서로 알고 있는 대상일 때 쓰죠. 하지만 부정관사는 'un libro 어떤 책'처럼 아직 정해지지 않거나 처음 언급하는 대상에 사용해요.

❸ 관사의 형태

명사는 먼저 자신의 정체성에 따라 정관사를 쓸지, 부정관사를 쓸지 정하고 성·수에 맞는 형태를 골라 써요.

정관사			부정관사		
	단수	복수		단수	복수
남성	el	los	남성	un	unos
여성	la	las	여성	una	unas

Disculpe, la cuenta, por favor. 죄송한데요, 계산서 좀 주세요.

¿Con tarjeta o en efectivo? 카드인가요, 현금인가요?

Con tarjeta, por favor. 카드예요.

Plus 어휘 (la) cuenta 계산서 | con tarjeta 카드로 | en efectivo 현금으로

Tip Disculpe는 Perdón 보다 조금 더 정중한 표현이예요. Excuse me처럼 주의를 끌 때도 쓰여요.

Check up 1 다음 중 정관사가 아닌 것은?

el　　los　　las　　un

Check up 2 관사와 명사가 잘못 연결된 것은?

el chico　　uno chico　　la chica　　una chica

정답 1. un | 2. uno chico

Lección 24

정관사는 언제 쓰나요? 정관사의 용법

개념체크 빈칸에 들어갈 정관사를 쓰세요.

☐ **Ángeles** ☐ **Vegas**

정답 Los, Las

❶ 정관사의 형태

정관사는 명사에 성·수일치해요. 'niño/a(어린이)'라는 단어를 예시로 연습해 봐요.

남성 단수	여성 단수	남성 복수	여성 복수
el niño	**la** niña	**los** niños	**las** niñas

Tip 남성 단수 정관사 **el**과 인칭대명사 **él**을 헷갈리면 안 돼요.

❷ 정관사의 용법

① 화자와 청자가 이미 서로 알고 있는 대상을 가리킬 때

A: **La chica** es bonita, ¿no? (그) 소녀 예쁘지 않아? (서로 인지하고 있는 소녀)
B: Sí, es muy bonita. 응, 아주 예쁘지.

② 종류 전체를 일반화할 때

El español no es difícil. 스페인어는 어렵지 않아.
El tabaco es malo. 담배는 나빠.
La naranja es saludable. 오렌지는 건강에 좋아.

Plus 어휘 **difícil** 어려운 | **(el) tabaco** 담배 | **malo/a** 나쁜 | **saludable** 건강에 좋은

③ 대상을 특정할 때

¡**La maleta** roja es mía!	빨간 캐리어는 내 거야! (많은 것들 중에)
Soy **la profesora** de español.	저는 스페인어 선생님이에요. (한정된 집단에서)

④ 시간이나 개최, 시행 시기 등을 말할 때

La reunión es a **las 8**.	모임은 8시입니다.
La reunión es **el domingo**.	모임은 일요일입니다.

Tip 단순한 요일을 말할 때는 관사를 쓰지 않아요. 예) **Hoy es domingo.** 오늘은 일요일입니다.

정관사는 서로가 알고 있는 대상으로 한정하는 의미의 '**그**'로 해석하고, **때로는 해석하지 않아요.**

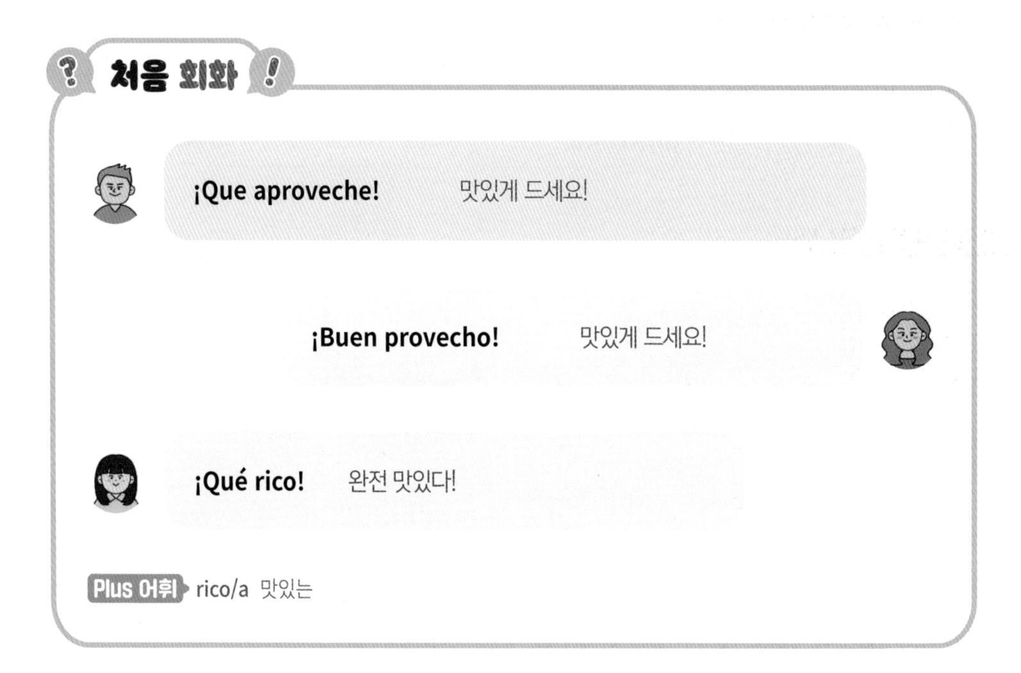

Check up 다음 중 정관사가 옳게 사용된 것은?

① Soy la Clara.
② Soy la coreana.
③ Mi cumpleaños es el domingo.
④ Las fiesta es en Ibiza.

③ 정답

부정관사는 언제 쓰나요? 부정관사의 용법

개념체크 빈칸에 들어갈 부정관사를 쓰세요.

□ taco y □ coca.

타코 한 개와 콜라 한 잔

정답 Un, una

❶ 부정관사의 형태

부정관사는 수식하는 명사에 성·수일치해요. 'chico/a(청년)'이라는 단어로 연습해 봐요.

남성 단수	여성 단수	남성 복수	여성 복수
un chico	**una** chica	**unos** chicos	**unas** chicas

❷ 부정관사의 용법

① 불특정한 의미를 부여하기 위해 사용

Un chico está en la calle. 한 청년이 길에 있다.
Ella trabaja en **un banco**. 그녀는 한 은행에서 일한다.

Plus 어휘 en ~에 | (la) calle 길 | (el) banco 은행

② 수량적 의미로 사용 '하나의 ~', '몇몇의~'

Un café caliente, por favor. 뜨거운 커피 한 잔 주세요.
Unas personas son buenas, otras no. 몇몇 사람은 좋지만 나머지는 아니야.

Plus 어휘 caliente 뜨거운 | (la) persona 사람 | otro/a 다른

③ 비유적 의미로 사용

A: ¿Qué es 샤인머스켓?	샤인머스켓이 뭐야?
B: Es **una uva**.	포도야. (포도의 한 종류야.)

Galbi es **una barbacoa** coreana.	갈비는 일종의 코리안 바비큐다.

부정관사는 문맥에 따라 **불특정적 의미의 '어떤', '한', 수량적 의미의 '하나의', '몇몇의', 비유적 의미의 '일종의', '부류의'**로 해석해요.

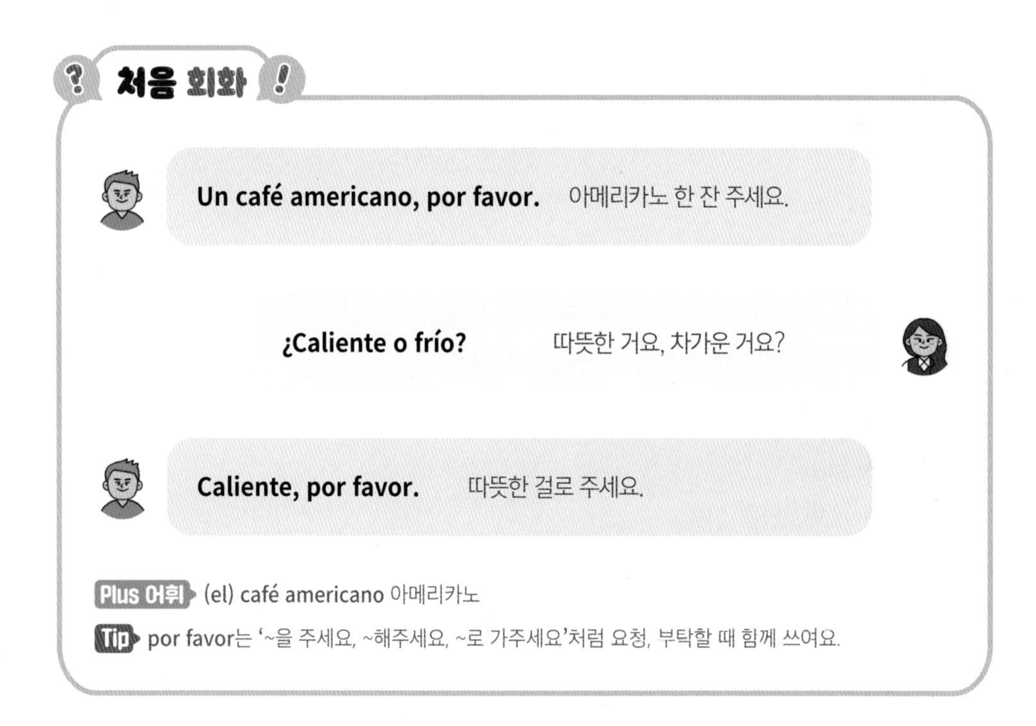

Check up 빈칸에 들어갈 부정관사를 바르게 연결한 것은?

El aguacate, ¿es ______ fruta o ______ verdura?
아보카도는 과일이야 채소야?

un - un　　un - una　　una - un　　una - una

정답 una – una

Lección 26

정관사 vs 부정관사 한 눈에 비교하기!

개념체크 다음 빈칸에 들어갈 단어를 골라보세요.

______ **verduras son saludables**. 채소는 건강에 좋아요.

Los Las Unos Unas

정답 Las

❶ 정관사 vs 부정관사 용법 비교하기

① 종류 전체를 일반화할 땐 정관사, 부류를 말할 땐 부정관사를 써요. 아래 세 문장을 비교해보세요.

El tomate es fruta.	토마토는 과일이다. (토마토에 대한 확신의 정의)
El tomate es una fruta.	토마토는 과일의 일종이다.
El tomate es la fruta.	토마토는 그 과일이다. (앞서 언급된 적 있는 경우)

② 처음 언급할 때는 부정관사, 그 다음부터는 정관사를 써요.

¿Hay **un hotel** aquí?	여기 호텔이 있나요?
Sí, hay **un hotel**.	네, 호텔 하나 있어요.
¿Dónde está **el hotel**?	(그) 호텔이 어디인가요?

Plus 어휘 hay ~가 있다 | (el) hotel 호텔

❷ 이럴 땐 꼭 써요, 관사

① 일반 명사가 문장의 주어가 될 땐 거의 정관사를 함께 써요.

El tomate es rojo.	토마토는 빨갛다.
Los coreanos son amables.	한국인들은 친절해.

Plus 어휘 rojo/a 빨간

② 위치를 묻거나 설명할 땐 무조건 정관사를 써요.

¿Dónde está **la farmacia**?	약국이 어디죠?
Está dentro d**el hospital**.	병원 안에 있어요.

Tip 전치사 **de**, 정관사 **el**이 만나면 **del**로 축약해요.

③ 직업, 국적, 성품 등을 말할 때 수식어가 붙으면 꼭 부정관사를 써요.

Clara es profesora.	끌라라는 선생님이다.
Clara es **una profesora excelente**.	끌라라는 훌륭한 선생님이다.
Él es **una persona buena**.	그는 좋은 사람이다.

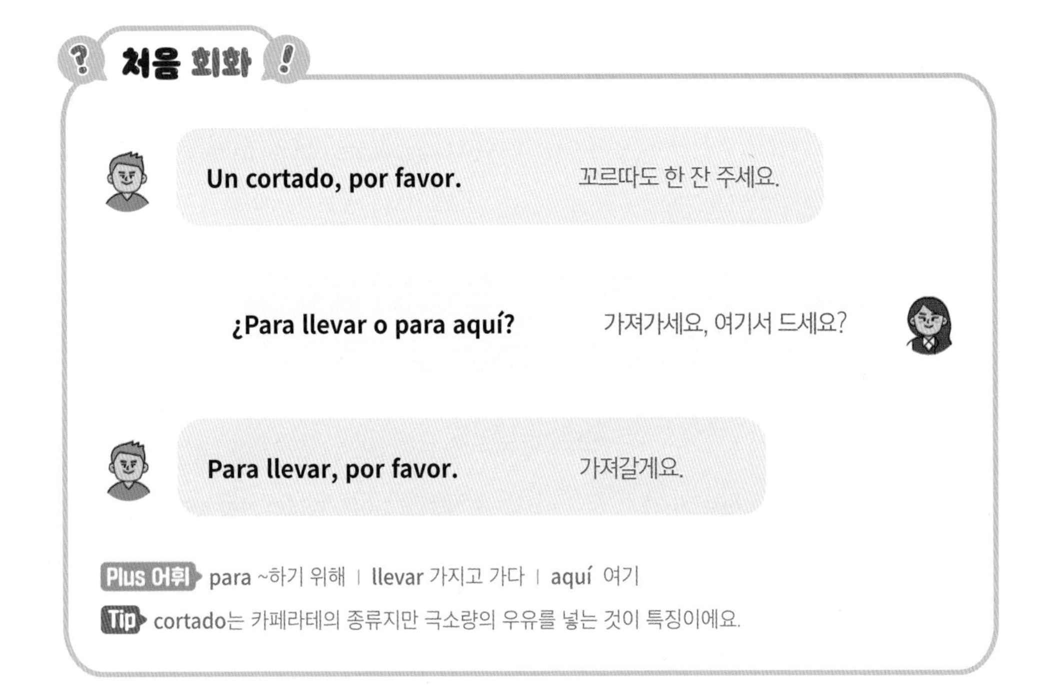

Check up 빈칸에 들어갈 말로 옳은 것은?

________ **tomates son rojos.**

El La Los Las

정답 Los

Unidad 5

종합 연습문제

A 다음 문제를 풀어 보세요.

1 관사에 관한 설명으로 옳지 않은 것은?

① 관사는 단독으로 쓰이지 않는다.

② 관사와 긴밀한 품사는 형용사다.

③ 정관사와 부정관사 두 종류가 있다.

④ 각 관사별 4가지 형태가 있다.

2 관사-명사의 연결이 옳지 않은 것은?

① el niña

② los chinos

③ la chica

④ las estudiantes

3 부정관사의 형태로 옳지 않은 것은?

① uno

② una

③ unos

④ unas

4 위치를 묻는 표현을 가장 알맞게 쓴 문장은?

① ¿Dónde está el baño?

② ¿Dónde está la baño?

③ ¿Dónde está un baño?

④ ¿Dónde está una baño?

5 다음 중 관사가 잘못 사용된 문장은?

① El aguacate es una fruta.

② La clase es el domingo.

③ La clase es a los 8.

④ Soy una chica guapa.

6 빈칸에 들어갈 단어로 가장 적절한 것은?

¿Para llevar o para _____?

① ahora

② año

③ aquí

④ uno

B 제시된 단어 또는 표현에 맞게 빈칸을 채우세요.

1 우유는 하얗다.

→ ______ leche es blanca.

2 사과는 빨갛다.

→ ______ manzanas son rojas.

3 몇몇 사람들은 한국인이다.

→ ______ personas son coreanas.

4 그는 성실한 청년이다.

→ Él es ______ chico trabajador.

5 계산서 주세요.

→ ______ cuenta, por favor.

6 맥주 한 잔 주세요.

→ ______ cerveza, por favor.

처음 Talk talk!

MP3를 들으며 스페인어 기초 회화 표현을 말해 보세요.

Disculpe, la cuenta, por favor.
죄송한데요, 계산서 좀 주세요.

¡Que aproveche!
맛있게 드세요!

¡Buen provecho!
맛있게 드세요!

¡Qué rico!
완전 맛있다!

¿Dónde está ~?
~가 어디에 있나요?

¿Para llevar o para aquí?
가져가세요, 여기서 드세요?

Unidad

기초 튼튼 개념 정리, 소유사와 지시사

Lección 27

"나의~ 너의~" 소유격이 뭐예요?

개념체크 아래 문장에서 소유격을 찾아보세요.

Yo soy tu novio.

정답 tu

❶ 격이란?

'주격, 소유격'과 같은 표현을 들어본 적 있나요? 조금 생소하지만, '~격이다'라는 말은 '~역할이다'라는 뜻이에요. 스페인어에는 주격, 소유격, 목적격 3종류의 격이 있어요.

Yo 나는	amo 사랑한다	tu 너의	voz. 목소리를
주격(~은, 는)		소유격(~의)	목적격(~을, 를)

❷ 소유격이란?

명사가 누구의 소유인지 말해주는 역할이에요. 명사를 수식하고, 명사의 성·수에 따라 형태가 바뀌므로 소유형용사라고도 해요.

(la) voz
목소리

⇨

mi voz
나의 목소리

tu voz
너의 목소리

❸ 소유격의 특징

전치형, 후치형 두 종류가 있어요. 전치형은 1, 2인칭 복수에서만, 후치형은 모든 인칭에서 성·수변화를 해요.

전치형	의미	후치형
Mi	나의	Mío/a
Tu	너의	Tuyo/a
Su	그의, 그녀의, 당신의	Suyo/a
Nuestro/a	우리들의	Nuestro/a
Vuestro/a	너희들의	Vuestro/a
Su	당신들의, 그들의, 그녀들의	Suyo/a

전치형과 후치형은 아래 예문처럼 활용할 수 있어요.

나의 집	⇨	**Mi casa** 전치형	**(la) Casa mía** 후치형

처음 회화

Mi padre es un cantante famoso. 우리 아빠는 유명한 가수야.

¿En serio? 진짜야?

¿De verdad? 진짜야?

Plus 어휘 (el/la) cantante 가수 | famoso/a 유명한 | (la) verdad 진실

Tip 직업을 말할 때 수식어가 붙으면 꼭 부정관사를 써요.

Check up 빈칸에 들어갈 말로 옳지 않은 것은?

_______ casa es grande.

Mi　　Tú　　Tu　　La

정답 Tú

Lección 28

내 집이 네 집이야~
소유격 전치형 활용하기

개념체크 다음 빈칸에 들어갈 단어를 골라보세요.

Eres ___________ novio. 너는 내 남자친구야.

el	un	mi

정답 mi

❶ 소유격 전치형이란?

소유격 전치형은 명사 앞에서 명사의 소유자를 알려줘요. '소유형용사 전치형'이라고도 해요.

Mi	나의	Nuestro/a	우리들의
Tu	너의	Vuestro/a	너희들의
Su	그의, 그녀의, 당신의	Su	당신들의, 그들의, 그녀들의

Tip 1인칭, 2인칭 복수형은 남, 녀 형태가 달라요.

3인칭의 소유자 구분은 de를 활용해요.

Su amigo/a	당신, 그, 그녀의 친구 / 당신들, 그들, 그녀들의 친구
Los amigos **de** Olivia	올리비아의 친구들

❷ 소유격 전치형 활용하기

소유격 전치형은 단, 복수를 구분해요.

Mi amigo **Mi amiga**	나의 친구	⇨	**Mis amigos** **Mis amigas**	나의 친구들
Nuestro amigo **Nuestra amiga**	우리들의 친구	⇨	**Nuestros amigos** **Nuestras amigas**	우리들의 친구들

Mi casa es tu casa.	내 집이 네 집이야.
¿Olivia es vuestra amiga?	올리비아는 너희들의 친구니?
Mis padres son generosos.	우리 부모님은 관대하시다.

주로 복수로 쓰이는 단어들에 주의하세요.

mis padres 나의 부모님	**mis abuelos** 나의 조부모님	**mis amigos** 나의 친구들
mis pantalones 나의 바지	**mis zapatos** 나의 신발	**mis manos** 나의 손

처음 회화

El coche negro es mi nuevo coche. 검은색 자동차가 내 새 차야.

¡Qué envidia! 와 부럽다!

¡Qué suerte! 와 너 진짜 좋겠네!

Plus 어휘 nuevo/a 새로운 | (la) envidia 부러움 | (la) suerte 행운

Tip 의문사 Qué 뒤에 동사, 형용사, 명사, 부사를 넣어 감탄문을 만들어요.

Check up 빈칸에 들어갈 수 없는 말은?

_______ **hermanas son altas.**

Mis　　Tus　　Nuestra　　Sus

정답 Nuestra

Lección 29

나의 책=책 나의 소유격을 뒤에 쓸 수도 있어요!

개념체크 다음 빈칸에 들어갈 단어는 무엇일까요?

la casa ________

나의 집

정답 mía

❶ 소유격 후치형이란?

소유격 후치형은 명사 뒤에서 명사의 소유자를 알려줘요. '소유형용사 후치형'이라고도 해요.

Mío/a	나의	Nuestro/a	우리들의
Tuyo/a	너의	Vuestro/a	너희들의
Suyo/a	그의, 그녀의, 당신의	Suyo/a	당신들의, 그들의, 그녀들의

❷ 소유격 후치형 활용하기

① 소유격 후치형은 성·수 그리고 단·복수를 모두 구분해요.

El compañero mío
La compañera mía 나의 동료

⇨

Los compañeros míos
Las compañeras mías 나의 동료들

② 부정관사 Un/Una와 함께 여럿 중 하나임을 말해요.

Un amigo mío es cantante.	내 친구 중 한 명은 가수다.
Una amiga mía es peruana.	내 친구 중 한 명은 페루사람이다.
Unos amigos míos son chilenos.	내 친구들 중 몇 명은 칠레사람이다.

Plus 어휘 peruano/a 페루사람 | chileno/a 칠레사람

③ SER 동사의 보어로 쓰여요. (SER + 후치형 : ~의 것이다)

(Tú) Eres mío.	넌 내 거야.
Mi corazón es tuyo.	내 마음은 네 거야.
El triunfo es nuestro.	승리는 우리 것이야.

Tip '나의 책, 너의 핸드폰'처럼 단순히 누구 것인지 말할 때는 전치형을 훨씬 많이 써요.

④ 소유격 후치형이 사용된 감탄문들도 배워 봐요.

¡Dios mío!	오 마이 갓!
¡Madre mía!	엄마야!

처음 회화 (en el aeropuerto 공항에서)

Hola, voy a Valencia. 안녕하세요, 발렌시아에 가요.

¿Su nombre y apellido? 당신의 이름과 성이 무엇인가요?

Mi nombre es Olivia y mi apellido es Zambrano.
제 이름은 올리비아고, 성은 쌈브라노에요.

Plus 어휘 ir a ~로 가다 | (el) apellido 성씨

Tip 스페인어에서 이름은 이름 → 성씨 순으로 말해요.

Check up 빈칸에 들어갈 말로 옳은 것은?

Las maletas son ________.
캐리어들은 내 것이야.

mis　　mía　　mías　　míos

정답 mías

Lección 30

나의 것, 너의 것 소유대명사의 형태와 활용

개념체크 다음 문장에서 'el tuyo'가 가리키는 것은 무엇일까요?

Mi coche es de Corea y el tuyo es de Japón.

mi coche　　tu coche　　Corea　　Japón

정답 tu coche

❶ 소유대명사란?

소유대명사는 **소유격과 대명사가 합쳐진 단어**예요.

나의 집 소유격 + 명사	⇨	나의 것 소유격 + 대명사

❷ 소유대명사의 형태

정관사 + 소유격 후치형의 형태예요.

정관사
el la los las

\+

후치형	
mío/a	나의
tuyo/a	너의
suyo/a	그의, 그녀의, 당신의 등
nuestro/a	우리들의
vuestro/a	너희들의
suyo/a	그들의, 그녀들의, 당신들의 등

❸ 소유대명사 활용하기

① 앞서 언급한 대상을 반복하지 않기 위해 써요.

Mi perro es Taco y **el tuyo** es Buba.
내 강아지 이름은 따꼬이고 너의 것은 부바다.
Mis zapatos son rojos y **los suyos** son negros.
내 구두는 빨간색이고 당신의 것은 검은색이다.

② 재능 있는 것을 표현할 때 **중성관사 lo(~것)**와 함께 써요.

El inglés no es **lo mío**. El español es **lo mío**.
영어는 내 길이 아니야. 스페인어가 내 길이야.
Cocinar no es **lo tuyo**.
요리는 네 길이 아닌 것 같아.

처음 회화

La mía es sangría y la tuya es caña.
내 거는 상그리아고 네 거는 까냐야.

La mía es cerveza. No es caña. 내 거 맥주인데. 까냐 아닌데.

Jajaja.. La caña es cerveza en España.
하하… 스페인에서는 까냐가 맥주야.

Plus 어휘 (la) sangría 상그리아 | (la) cerveza 맥주 | (la) caña 생맥주

Tip 스페인에서 생맥주를 시킬 때 Una caña, por favor 라고 주문해 보세요.

Check up 빈칸에 들어갈 말로 옳은 것은?

Mis gatos son negros y los ________ son blancos.

nuestro vuestro suyos tuyo

정답 suyos

Lección 31

이 책, 그 책, 저 책
지시형용사의 형태와 사용법

개념체크 빈칸에 들어갈 수 있는 단어를 모두 골라보세요.

_________ perro es bonito.

El　　Mi　　Un　　Este

정답 El, Mi, Un, Este

❶ 지시형용사란?

지시형용사는 **가깝거나 먼 것을 지칭**하는 형용사예요. 스페인어에는 '이~, 그~, 저~'에 해당하는 세 가지 지시형용사가 있어요.

esta flor 이 꽃	**esa flor** 그 꽃	**aquella flor** 저 꽃

❷ 지시형용사의 형태

지시형용사는 **성·수를 구분**해요.

이-		그-		저-	
este	estos	ese	esos	aquel	aquellos
esta	estas	esa	esas	aquella	aquellas

❸ 지시형용사 활용하기

① 명사 앞에 놓여요. 명사에 성·수일치해요.

Este móvil es mío. 이 휴대폰은 내 것이다.
¿**Ese** coche es tuyo? 그 차 네 거니?

Aquel chico es mi hermano.	저 소년은 내 남동생이다.
Aquellos edificios son míos.	저 건물들은 내 것이다.

② 시간적 거리를 나타내기도 해요.

estos días	**esta semana**	**en aquel momento**
요즘에	이번주에	그 때에

? 처음 회화 !

La reunión es esta noche. 모임은 오늘 밤이야.

Vale, gracias. 오케이, 고마워.

Bueno, gracias. 좋아, 고마워.

Plus 어휘 (la) reunión 모임, 회의 | (la) noche 밤

Tip Vale는 오케이와 완전히 같아요.

Check up 빈칸에 들어갈 말로 옳은 것은?

_____________ **flores son aromáticas.**

이 꽃들은 향기롭다.

Este Esta Estos Estas

정답 Estas

Lección 32

이것, 그것, 저것 지시대명사의 형태와 사용법

개념체크 다음 중 지시대명사가 사용된 문장은 무엇일까요?

① Este libro es bueno.
② Este es un buen libro.

정답 ②

❶ 지시대명사란?

지시대명사는 **지시형용사와 대명사가 합쳐진 단어**예요.

이 집 지시형용사 + 명사	⇨	이것 지시형용사 + 대명사

스페인어에는 '이것, 그것, 저것'에 해당하는 세 종류의 지시대명사가 있어요.

❷ 지시대명사의 형태

지시대명사는 지시형용사와 형태가 같아요.

지시형용사: 이 책은 좋다. → Este libro es bueno.

지시대명사: 이것은 좋은 책이다. → Este es un buen libro.

지시대명사도 **성·수**를 구분해요.

이것		그것		저것	
este	estos	ese	esos	aquel	aquellos
esta	estas	esa	esas	aquella	aquellas

❸ 지시대명사 활용하기

지시대명사에는 **중성형**이 있어요.

이것	그것	저것
esto	eso	aquello

중성형은 지칭하는 대상이 남성인지 여성인지 모를 때 쓰거나, 말한 내용 전체를 가리킬 때 써요.

¿Qué es **esto**? 이게 뭐예요?
¿Qué es **eso**? 그게 뭐예요?
Esto es muy importante. 이것은 매우 중요합니다.

처음 회화

¿Qué es esto? 이게 뭐야?

Es un turrón. 뚜론이야.
O sea... es un caramelo español. 음 그러니까... 스페인 캐러멜이야.

Plus 어휘 qué 무엇 | o sea 그러니까, 즉 | (el) caramelo 캐러멜

Tip turrón은 스페인을 대표하는 음식 중 하나예요. 지역마다 스타일이 조금씩 달라요.

Check up 빈칸에 들어갈 말로 옳은 것은?

__________ es mi jefe Mario.
저 분은 나의 상사 마리오야.

Ese　　Eso　　Aquel　　Aquello

정답 Aquel

Unidad 6

종합 연습문제

A 다음 문제를 풀어 보세요.

1 단어와 뜻이 잘못 연결된 것은?

① Mi libro – 나의 책

② Tus padres – 너의 부모님

③ Nuestro amigo – 우리의 친구들

④ Sus abuelos – 당신의 조부모님

2 소유사가 잘못 사용된 문장은?

① Mi coches son nuevos.

② Tu padre es un cantante famoso.

③ Mi casa es tu casa.

④ Nuestras hermanas son altas.

3 아래 문장을 스페인어로 옳게 바꾼 것은?

내 마음은 네 거야.

① El corazón mío es tú.

② Un corazón mío es tu.

③ Mi corazón es tuyo corazón.

④ Mi corazón es tuyo.

4 단어와 뜻이 잘못 연결된 것은?

① Esta semana – 이번 주

② Esos libros – 그 책들

③ Aquello edificio – 저 건물

④ Esta mañana – 오늘 아침

5 대화의 흐름이 어색한 것은?

① Mi coche es rojo. – Y la tuya es blanca.

② ¿Esta maleta es tuya? – Sí, es mía.

③ ¿Qué es esto? – Es una uva.

④ ¿Quién es aquel chico? – Es un amigo mío.

6 아래 질문의 대답으로 적절하지 않은 것은?

¿Qué es eso?

① Es mi libro.

② Es un coche mío.

③ Es muy importante.

④ Es nuestra casa.

B 제시된 문장에 맞게 빈칸을 채워 보세요.

1 네 친구들 중 몇 명은 칠레 사람이다.

→ Unos amigos ________ son chilenos.

2 우리의 동료들은 친절하다.

→ ________ compañeros son amables.

3 내 셔츠는 파란색이고 당신의 것은 하얀색이다.

→ Mi camisa es azul y ________ ________ es blanca.

4 스페인어가 내 길이야.

→ El español es lo ________ .

5 파티는 오늘 밤이야.

→ La fiesta es ________ noche.

6 그 식당의 요리들은 특별하다.

→ Los platos de ________ restaurante son especiales.

처음 Talk talk!

MP3를 들으며 스페인어 기초 회화 표현을 말해 보세요.

¿En serio?

진짜야?

¿De verdad?

진짜야?

¡Qué envidia!

와 부럽다!

¿Qué es esto?

이게 뭐예요?

Vale.

오케이.

¡Dios mío!

오 마이 갓!

Unidad

또다른 be 동사, ESTAR "~있다"

Lección 33

또다른 be 동사 ESTAR "~ 있다" (feat. SER와 비교)

개념체크 다음 문장은 무슨 뜻일까요?

¿Cómo estás?

정답 어떻게 지내?

❶ 또 다른 be동사 ESTAR "~있다"

Yo	나	**estoy**	Nosotros / Nosotras	우리들	**estamos**
Tú	너	**estás**	Vosotros / Vosotras	너희들	**estáis**
Usted	당신	**está**	Ustedes	당신들	**están**
Él	그		Ellos	그들	
Ella	그녀		Ellas	그녀들	

❷ ESTAR 동사의 용법

Estar 동사로 상태와 위치를 나타낼 수 있어요.

Estoy bien. 나는 잘 지내. (좋은 상태로 있어)
Estoy feliz. 나는 행복해. (행복한 상태로 있어)

Estoy en Seúl. 나는 서울에 있어요.
Seúl **está** en Corea. 서울은 한국에 있어요.

❸ SER vs ESTAR 뜻 비교하기

문맥에 따라 뜻이 조금씩 변하지만 기본적인 의미는 '이다 vs 있다'예요.

SER ~이다	
이름	Yo soy Clara.
직업	Yo soy profesora.
성격	Yo soy amable.

vs.

ESTAR ~에 있다, ~한 상태로 있다	
상태	Yo estoy bien.
상태	Yo estoy feliz.
위치	Yo estoy en Corea.

처음 회화

Señor, la carta, por favor. 아저씨, 메뉴판 좀 주세요.

Un momento, por favor. 잠시만요.

Un minuto, por favor. 잠시만요.

Plus 어휘 (la) carta 메뉴판 | (el) momento 순간, 잠깐 | (el) minuto 분

Tip 아저씨는 **señor**, 아주머니는 **señora**, 아가씨는 **señorita** 라고 불러요. 예의를 갖춘 표현이에요.

Check up 빈칸에 들어갈 ESTAR 동사의 옳은 형태는?

Mis padres ____________ bien.
우리 부모님은 잘 지내셔.

está　　estáis　　están　　estón

정답 están

Lección 34

잘 지내?
ESTAR 동사로 사람의 상태 표현하기

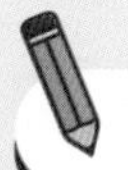

개념체크 다음 빈칸에 들어갈 적절한 동사 형태는 무엇일까요?

¿Cómo ________ Clara?

정답 está

❶ ESTAR 동사로 안부 묻기

상대방의 안부를 물을 때 ESTAR 동사를 사용해요. 동사를 바꿔 여러 대상의 안부를 물을 수 있어요.

¿Cómo **estás** (tú)?	어떻게 지내?
¿Cómo **está** (usted)?	어떻게 지내십니까?
¿Cómo **está** tu padre?	네 아버지는 어떻게 지내시니?
¿Cómo **están** tus padres?	네 부모님은 어떻게 지내시니?

❷ 'ESTAR + 부사'로 상태 말하기

동사를 꾸미는 것을 부사라고 해요. 부사는 성·수변화하지 않아요. 언제나 bien이에요.

¿Cómo estás?	어떻게 지내?
Yo estoy **bien.**	난 잘 지내.
Yo estoy **mal.**	난 잘 못 지내. (기분이 별로야.)

¿Cómo estáis?	너희는 어떻게 지내?
Nosotros estamos **bien.**	우리는 잘 지내.
Nosotros estamos **mal.**	우리는 잘 못 지내.

Plus 어휘 bien 잘 | mal 잘 못, 좋지 않게

❸ 'ESTAR + 형용사'로 상태 말하기

형용사는 주어(명사)를 꾸며요. 주어에 따라 성·수변화해요.

¿Cómo estás?	어떻게 지내?
Yo estoy **cansado/a.**	나는 피곤해.
Yo estoy **triste.**	나는 슬퍼.
Estoy **feliz.**	나는 행복해.
Estoy **enfadado/a.**	나는 화가 났어.
Estoy **ocupado/a.**	나는 바빠.

¿Cómo estáis?	너희는 어떻게 지내?
Nosotros estamos **cansados/as.**	우리는 피곤해.
Nosotros estamos **tristes.**	우리는 슬퍼.

처음 회화

Estoy nervioso por el examen. 시험 때문에 긴장돼.

Tranquilo. 진정해.

No te preocupes. 걱정하지 마.

Plus 어휘 nervioso/a 긴장한 | (el) examen 시험

Tip Tranquilo는 마음을 가라앉히라는 말이에요. 상대가 남자면 **Tranquilo,** 여자면 **Tranquila** 라고 말해요.

Check up 주어와 동사가 잘못 연결된 것은?

Yo - estoy　　Tú - estás　　Ella y tú - estamos　　Ellos - están

정답 Ella y tú - estamos

Lección 35

커피가 뜨거워
ESTAR 동사로 사물 상태 표현하기

개념체크 다음 문장의 적절한 해석을 골라보세요.

El baño está ocupado.

화장실이 바쁘다.　　화장실이 사용 중이다.

정답 화장실이 사용 중이다.

❶ ESTAR 동사로 사물의 상태 말하기

ESTAR 동사로 사람뿐만 아니라 사물의 상태도 말할 수 있어요.

Él está ocupado.	그는 바쁘다.
El baño está ocupado.	화장실이 사용 중이다.

El café está caliente.	커피가 뜨거워요.
El café está frío.	커피가 차가워요.

La tienda está abierta.	가게가 영업 중이다.
La tienda está cerrada.	가게가 문을 닫았다.

La habitación está ordenada.	방이 정돈되어 있다.
La habitación está desordenada.	방이 어질러져 있다.

어때요? 사람뿐만 아니라 사물의 상태도 ESTAR 동사를 사용해서 표현할 수 있다는 걸 잘 알 수 있겠죠? ESTAR 동사는 이렇게 '일시적인 상태'나 '변화 가능한 상태'를 설명할 때 자주 쓰여요. 예를 들어, 커피가 뜨겁거나 차가운 건 상태가 변할 수 있죠. 또, 가게가 열려 있거나 닫혀 있는 것도 마찬가지예요!

❷ 실전 상태 표현 활용하기

A: ¿Está ocupada?	이 의자 사용 중인가요? (의자를 가리키며)
B: No. Está libre.	아뇨. 안 쓰는 거예요.

A: ¿Está abierto?	영업 중인가요?
B: Perdón. Estamos cerrados.	죄송해요. 지금은 영업 중이 아니에요.

ESTAR를 사용할 땐, '지금의 상태'나 '잠깐 동안의 상태'를 표현한다고 생각하면 이해가 쉬워요. 계속 연습하다 보면 자연스럽게 익숙해질 거예요!

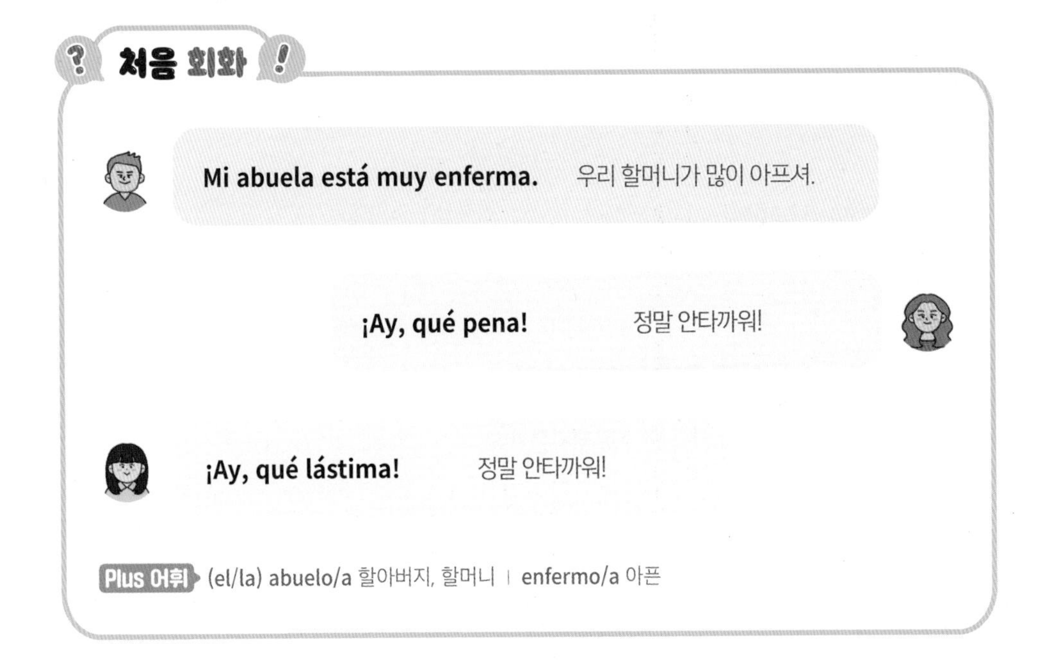

Check up 다음 중 '영업 종료 중'인 상태를 나타내는 형용사는?

ordenado	desordenado	cansado	cerrado

정답 cerrado

Lección 36

화장실은 밖에 있어요 ESTAR 동사로 위치 표현하기

개념체크 빈칸에 들어갈 적절한 의문사를 골라보세요.

¿ __________ está el baño? 화장실이 어디죠?

Qué　　**Dónde**

정답 Dónde

❶ ESTAR 동사로 위치 묻기

ESTAR 동사로 위치를 말할 수 있어요.

¿Dónde estás (tú)?	너 어디에 있어?
Estoy en casa.	나 집에 있어.

¿Dónde está el baño?	화장실이 어디예요?
¿Dónde está la clase?	교실이 어디예요?

❷ 'ESTAR + 부사'로 위치 표현하기

구체적 위치가 아닌 큰 방향을 말할 땐 주로 부사를 써요.

aquí	**ahí**	**arriba**	**abajo**
여기	거기	위(쪽)에	아래(쪽)에

Yo estoy **aquí.**	나 여기 있어.
¿Estás **ahí**?	너 거기 있니?
Está **arriba.**	위에 있어요.
Está **abajo.**	아래에 있어요.

❸ 'ESTAR+전치사(구)'로 위치 표현하기

구체적 위치를 말할 땐 주로 전치사가 사용돼요.

a la derecha de ~오른쪽에	**dentro de** ~안에	**sobre** ~위에
a la izquierda de ~왼쪽에	**fuera de** ~밖에	**debajo de** ~아래에

¿Dónde está el gato?	고양이가 어디에 있어?
Está **sobre** la mesa.	책상 위에 있어.
Está **dentro del** coche.	자동차 안에 있어.
Está **a la derecha del** libro.	책 오른쪽에 있어.

Tip ① Sobre는 de와 함께 쓰지 않아요. ② de와 el이 만나면 del로 축약해요.

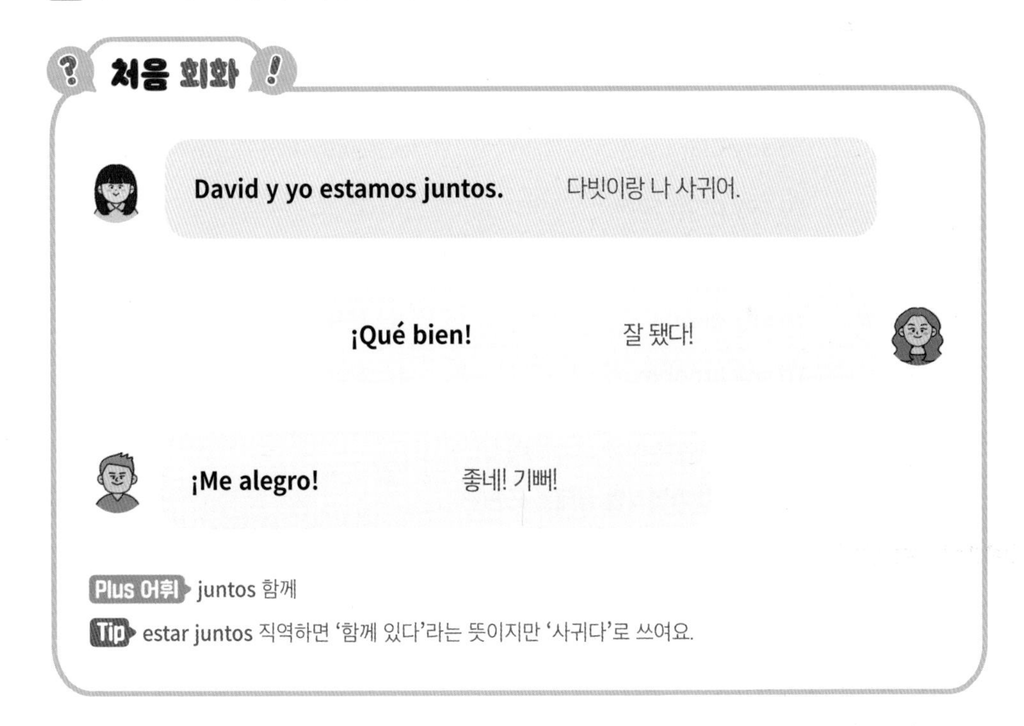

Check up 빈칸 안에 공통으로 들어갈 철자는?

sobr☐	a la izqui☐rda	a la der☐cha
~위에	~왼쪽에	~오른쪽에

Lección 37

SER, ESTAR 둘 중 뭘 쓰지? 헷갈리는 용법 구분하기

개념체크 빈칸에 들어갈 동사를 골라보세요.

El café _________ muy caliente. 커피가 많이 뜨거워요.

es | **está**

정답 está

❶ SER vs ESTAR 용법 비교

① SER 동사는 **본질적이고 불변적인 것**을 말할 때 써요.

이름	Yo **soy** Clara.	나는 끌라라예요.
직업	Yo **soy** profesora.	나는 선생님이에요.
국적	Yo **soy** coreana.	나는 한국인이에요.
외모 묘사	Yo **soy** guapa.	나는 잘생겼어요.
성격 묘사	Yo **soy** amable.	나는 친절해요.

② ESTAR 동사는 **일시적이고 가변적인 상태**를 표현해요.

상태	Yo **estoy** feliz.	나는 기뻐요.
위치	Yo **estoy** en casa.	나는 집에 있어요.

El fuego **es** caliente. 불은 뜨겁다.
El hielo **es** frío. 얼음은 차갑다.
El café **está** caliente. 커피가 뜨겁다.
El café **está** frío. 커피가 차갑다.

❷ SER? ESTAR? 동사에 따라 뜻이 달라지는 형용사들

함께하는 동사에 따라 뜻이 완전 달라지는 형용사들도 있어요.

형용사	SER 동사	ESTAR 동사
listo/a 영리한 vs 준비된	**Eres listo.** 넌 영리해.	**¿Estás listo?** 준비됐니?
rico/a 부유한 vs 맛있는	**Daniel es rico.** 다니엘은 부자야.	**El jamón está muy rico.** 하몽은 정말 맛있어.
bueno/a 좋은 성품 vs 좋은 상태	**Ella es buena.** 그녀는 좋은 사람이야.	**La leche está buena.** 우유가 맛이 좋다, 상태가 괜찮다.
malo/a 나쁜 성품 vs 나쁜 상태	**Ella es mala.** 그녀는 나쁜 사람이야.	**La leche está mala.** 우유가 상했다.

¿Dónde es la reunión? 모임이 어디지?

La reunión es en el salón. 모임은 강당이야.

El salón está abajo. 강당은 아래에 있어.

Plus 어휘 (el) salón 강당, 회의실

Tip 개최 장소를 물을 때는 **ser**를 써요.

Check up '(la) pizza 피자'를 먹으며 남자가 할 말로 가장 적절한 것은?

① ¡Es rico! ② ¡Está rico!

③ ¡Es rica! ④ ¡Está rica!

정답 ④ ¡Está rica!

Unidad 7

종합 연습문제

A 다음 문제를 풀어 보세요.

1 estar 동사의 변형이 잘못된 것은?

① Yo estoy feliz.

② ¿Estás en casa?

③ ¿Cómo está usted?

④ Mis padres estáis bien.

2 문법적으로 옳지 않은 문장은?

① ¿Cómo estáis?

② Estamos nervioso por el examen.

③ ¿Estás ocupada?

④ Ellos están cansados.

3 아래 문장을 스페인어로 옳게 쓴 것은?

피자가 정말 맛있어!

① ¡La pizza está muy rica!

② ¡Una pizza está muy rica!

③ ¡La pizza es muy rico!

④ ¡La pizza está muy rico!

4 동사의 사용이 어색한 것은?

① El taxi es ocupado.

② La tienda está cerrada.

③ La habitación está desordenada.

④ El café está frío.

5 빈칸에 들어갈 동사가 나머지와 다른 것은?

① Mi abuelo ________ enfermo.
우리 할머니는 아프시다.

② El hospital ________ al lado de la farmacia.
병원은 약국 옆에 있다.

③ El fuego ________ caliente.
불은 뜨겁다. (성질)

④ La leche ________ mala.
우유가 상했다.

6 아래 질문의 대답으로 옳지 않은 것은?

¿Cómo está Olivia?

① Está bien.

② Está muy mal.

③ Está enfadada.

④ Está abajo.

B 제시된 문장에 맞게 빈칸을 채워 보세요.

1 모임은 강당이야.

→ La reunión ______ en el salón.

2 가게가 영업 중이다.

→ La tienda está ______ .

3 고양이는 상자 오른쪽에 있다.

→ El gato está a la ______ de la caja.

4 너 시험 볼 준비 됐니?

→ ¿ ______ listo para el examen?

5 그와 나는 행복하다.

→ Él y yo estamos ______ .

6 병원은 은행 옆에 있다.

→ El hospital está al lado ______ banco.

처음 Talk talk!

MP3를 들으며 스페인어 기초 회화 표현을 말해 보세요.

La carta, por favor.

메뉴판 좀 주세요.

Un momento, por favor.

잠시만요.

Tranquilo.

진정해.

No te preocupes.

걱정하지 마.

¡Ay, qué pena!

정말 안타까워!

¡Qué bien!

잘 됐다!

Unidad

규칙 변화 일반동사 "~하다"

Lección 38

동사란? be 동사와 일반동사 비교까지!

개념체크 다음 중 동사는 모두 몇 개일까요?

사랑	사랑하다	먹다	~이다	~있다
amor	**amar**	**comer**	**ser**	**estar**

정답 4개(사랑하다, 먹다, ~이다, ~있다)

❶ 동사란?

동사는 '먹다, 자다, 일하다' 등등 **'~다'로 끝나는 말**이에요. 사람이나 사물의 동작을 나타내요.

❷ BE 동사 vs 일반동사 비교하기

스페인어의 BE 동사는 SER와 ESTAR예요. SER, ESTAR는 동사 뒤에 문장을 완성시켜주는 무언가 꼭 와야 해요. 이것을 보어라고 해요.

나는 예쁘다.			나는 피곤하다.		
Yo 나는 **주어**	soy ~이다 **동사**	**guapa.** 예쁜 **형용사**	Yo 나는 **주어**	estoy ~상태로 있다 **동사**	**cansada.** 피곤한 **형용사**

일반동사는 종류에 따라 무언가 뒤에 오기도 하고, 안 오기도 해요. 일반동사 뒤에는 주로 목적어가 와요.

나는 잔다.			나는 맥주를 마신다.		
Yo 나는 **주어**	duermo. 잔다. **동사**		Yo 나는 **주어**	bebo 마신다 **동사**	**cerveza.** 맥주를 **목적어**

❸ 일반동사의 평서문, 부정문, 의문문

인칭대명사 주어의 생략이 가능한 것, 부정문&의문문 만드는 방법 모두 BE 동사 문장과 같아요.

평서문	(Tú) bebes cerveza.	너는 맥주를 마신다.
부정문	(Tú) No bebes cerveza.	너는 맥주를 안 마신다.
의문문	¿(Tú) bebes cerveza?	너는 맥주를 마시니?

자, 이제 일반동사 문장도 쉽게 만들고 변형할 수 있겠죠? 스페인어의 일반동사는 기본적인 문장을 구성할 때 꼭 필요한 요소라서, 평서문, 부정문, 의문문을 자유롭게 만들 수 있는 능력이 정말 중요해요. 처음에는 조금 헷갈릴 수도 있지만, 규칙을 하나씩 익히다 보면 점점 자연스럽게 사용할 수 있게 될 거예요. 꾸준히 연습하면서 다양한 문장을 만들어 보세요. 자신감도 함께 쑥쑥 자라날 거예요!

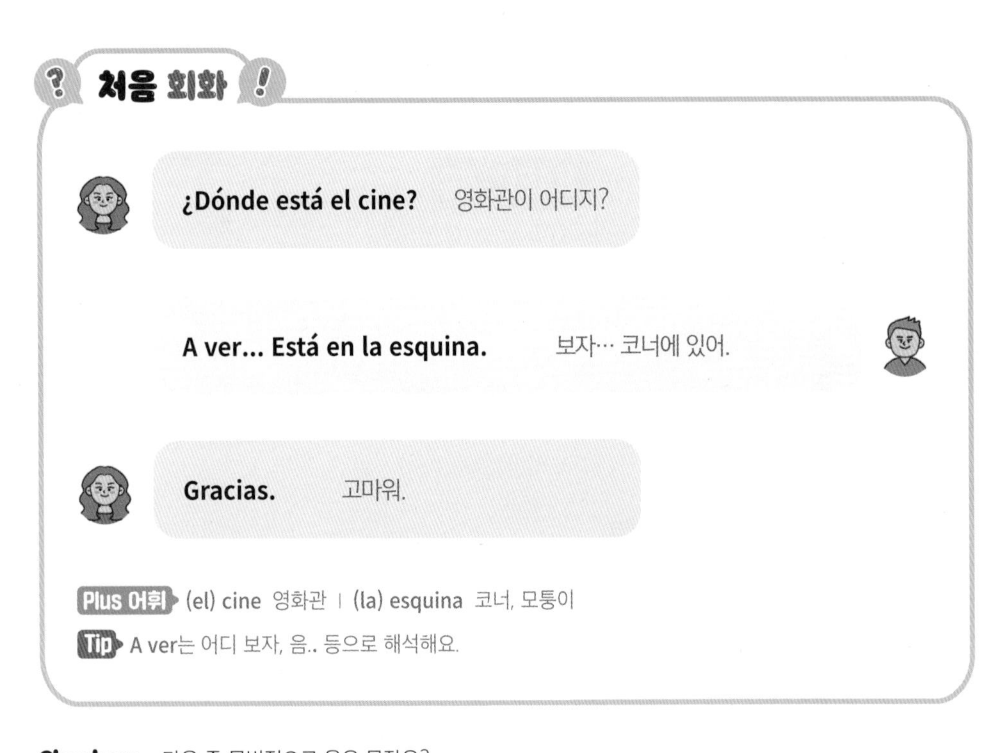

Check up 다음 중 문법적으로 옳은 문장은?

① No tú bebes cerveza.
② ¿Bebes cerveza?
③ ¿Eres no estudiante?
④ Soy bebo cerveza.

② 정답

Lección 39

규칙 변화 동사가 뭐예요? 개념과 유형 완벽 정리!

개념체크 아래 단어들의 두 가지 공통점을 찾아보세요.

~있다	말하다	걷다	노래하다	춤추다
estar	**hablar**	**andar**	**cantar**	**bailar**

정답 ① 모두 동사 ② -ar형 어미 동사

❶ 규칙 변화 동사란?

규칙 변화 동사는 **주어에 따라 어미만 변화**해요. 어근은 변하지 않아요!

Yo **hablo.**	나는 말한다.
Tú **hablas.**	너는 말한다.
Clara **habla.**	끌라라는 말한다.

❷ 동사 어미의 3가지 유형

모든 동사는 -ar, -er, -ir 세 종류의 어미 중 하나의 형태를 가져요.

HABLAR	**COMER**	**VIVIR**
말하다	먹다	살다

❸ -ar, -er, -ir형 동사 변화 연습하기

말하다		먹다		살다	
HABL	AR	COM	ER	VIV	IR
habl	o	com	o	viv	o
habl	as	com	es	viv	es
habl	a	com	e	viv	e
habl	amos	com	emos	viv	imos
habl	áis	com	éis	viv	ís
habl	an	com	en	viv	en

처음 회화

¿Es difícil hablar coreano? 한국어 말하는 것 어려워?

Pues sí. 응. 맞아.

Pues no. 그건 아냐.

Plus 어휘 difícil 어려운 | (el) coreano 한국어, 한국인 남자 | pues 글쎄, 그런데 등

Tip ① 주어 자리에 온 동사원형은 '~하는 것'이라고 해석하면 돼요. ② pues는 문맥에 따라 뜻이 바뀌어요.

Check up 아래 주어에 맞는 동사 형태가 아닌 것은?

Vosotros			
habláis	séis	coméis	vivís

정답 séis

Lección 40

나는 스페인어를 조금 해
-ar 동사 활용하기

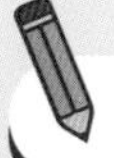

개념체크 빈칸에 들어갈 동사는 무엇일까요?

_______ **español no es difícil.**

스페인어 말하는 것은 어렵지 않아.

정답 Hablar

❶ -ar 동사 변화 연습

HABLAR 말하다		CANTAR 노래하다		AMAR 사랑하다	
habl	o	cant	o	am	o
habl	as	cant	as	am	as
habl	a	cant	a	am	a
habl	amos	cant	amos	am	amos
habl	áis	cant	áis	am	áis
habl	an	cant	an	am	an

❷ -ar 동사 활용하기

① HABLAR(말하다)

Hablo mucho. 나는 말을 많이 해.
No **hablas** mucho. 너는 말을 많이 하지 않아.
Ella **habla** bien. 그녀는 말을 잘해.

Hablar 동사 뒤에 언어명이 오면 "OO어를 할 수 있다"라는 뜻이에요.

¿**Hablas** español? 너는 스페인어를 할 수 있니?

② CANTAR(노래하다)

Yo **canto** en casa.	나는 집에서 노래해.
Olga **canta** en la escuela.	올가는 학교에서 노래해.
Olga y yo **cantamos** juntos.	올가와 나는 함께 노래해.

③ AMAR(사랑하다)

Amar 동사 뒤에 사람 또는 동물이 오면 전치사 a를 함께 써요. 그리고 뒤에 동사원형이 오면 '~하는 것을 사랑하다'로 해석해요.

Amo la música.	나는 음악을 사랑해.
Amo a mi novio.	나는 내 남자친구를 사랑해.
Ella **ama** cantar.	그녀는 노래하는 것을 사랑해.

처음 회화

¿Hablas inglés? 영어 할 수 있어?

Sí, hablo un poco de inglés. 응. 영어 조금 해.

Sí, hablo un poquito de inglés. 응. 영어 아주 조금 해.

Plus 어휘 (el) inglés 영어, 영국 남자

Tip -ito, -ita는 단어의 의미 또는 크기를 작게 표현하는 접미사예요. 예) **señora** 아주머니, **señorita** 아가씨

Check up 제시된 -ar형 동사를 넣어 문장을 완성하세요.

trabajar 일하다	Tú ____________ en un banco.
viajar 여행하다	Mi familia ________________ por Europa.
estudiar 공부하다	Nosotros _________________ español con Clara.

정답 trabajas / viaja / estudiamos

Lección 41

난 오이를 안 먹어 -er 동사 활용하기

개념체크 빈칸에 들어갈 동사는 무엇일까요?

Amo _______.
나는 먹는 것을 사랑해.

정답 comer

❶ -er 동사 변화 연습

COMER 먹다		BEBER 마시다		APRENDER 배우다	
com	o	beb	o	aprend	o
com	es	beb	es	aprend	es
com	e	beb	e	aprend	e
com	emos	beb	emos	aprend	emos
com	éis	beb	éis	aprend	éis
com	en	beb	en	aprend	en

❷ -er 동사 활용하기

① COMER(먹다)

No **como** pepino. — 나는 오이를 안 먹어.
¿**Comes** pollo? — 너는 닭고기를 먹니?
Los coreanos **comen** pollo frito con cerveza. — 한국인들은 치킨을 맥주와 함께 먹어.

Plus 어휘 (el) pepino 오이 | (el) pollo 닭고기 | frito/a 튀긴

② BEBER(마시다)

Bebo cerveza con nachos.	난 맥주를 나초와 마셔.
Clara no **bebe** leche.	끌라라는 우유를 마시지 않아.
Los mexicanos **beben** tequila con sal.	멕시코인들은 데낄라를 소금과 마셔.

Plus 어휘 (la) leche 우유 | (el) tequila 데낄라 | (la) sal 소금

③ APRENDER(배우다)

Aprendo inglés.	나는 영어를 배워.
¿También **aprendes** inglés?	너도 영어를 배우니?
Los niños **aprenden** a nadar.	아이들이 수영하는 것을 배워.

Plus 어휘 también 또한 | aprender a 동사원형 ~하는 것을 배우다

처음 회화

¿Qué pasa? 무슨 일이야? / 어떻게 지내?

No pasa nada. Todo bien. 아무 일도 없어. 다 좋아.

Plus 어휘 nada 아무것도 아닌 것 | todo 전부, 모두

Tip ¿Qué pasa?는 상황에 따라 여러가지 의미로 해석돼요.

Check up 제시된 -er형 동사를 넣어 문장을 완성하세요.

correr 달리다	Yo ____________ rápido.
leer (책) 읽다	Mi pasatiempo es __________.
creer 믿다	¿(Tú) __________ en Dios?

Plus 어휘 (el) pasatiempo 취미

정답 corro / leer / Crees

Lección 42

난 서울에 살아 -ir 동사 활용하기

개념체크 빈칸에 들어갈 철자를 써 보세요.

Habl ☐	Com ☐	Viv ☐
말하다	먹다	살다

정답 ar / er / ir

❶ -ir 동사 변화 연습

VIVIR 살다		SUBIR 오르다		ESCRIBIR 쓰다	
viv	o	sub	o	escrib	o
viv	es	sub	es	escrib	es
viv	e	sub	e	escrib	e
viv	imos	sub	imos	escrib	imos
viv	ís	sub	ís	escrib	ís
viv	en	sub	en	escrib	en

❷ -ir 동사 활용하기

① VIVIR(살다)

Vivo en Seúl.	나는 서울에 살아.
¿**Vives** con tu familia?	너는 가족과 함께 사니?
Mis padres **viven** en el campo.	나의 부모님은 시골에 사셔.

Plus 어휘 (la) familia 가족 | (el) campo 시골

② SUBIR(오르다, 업로드하다)

Subo al metro a diario.	나는 매일 지하철을 타.
¿**Subes** muchas fotos en Instagram?	인스타에 사진 많이 올리니?
El precio **sube** a diario.	물가가 매일 오른다.

Plus 어휘 a diario 매일 | (la) foto 사진 | (el) precio 물가, 가격

③ ESCRIBIR(쓰다)

Escribo con lápiz.	나는 연필로 쓴다.
Mi amiga Yuni **escribe** una novela.	내 친구 유니는 소설을 쓴다.
Mis hijos hablan y **escriben** en inglés.	나의 아이들은 영어로 말하고 쓴다.

Plus 어휘 (el) lápiz 연필 | (la) novela 소설 | en inglés 영어로

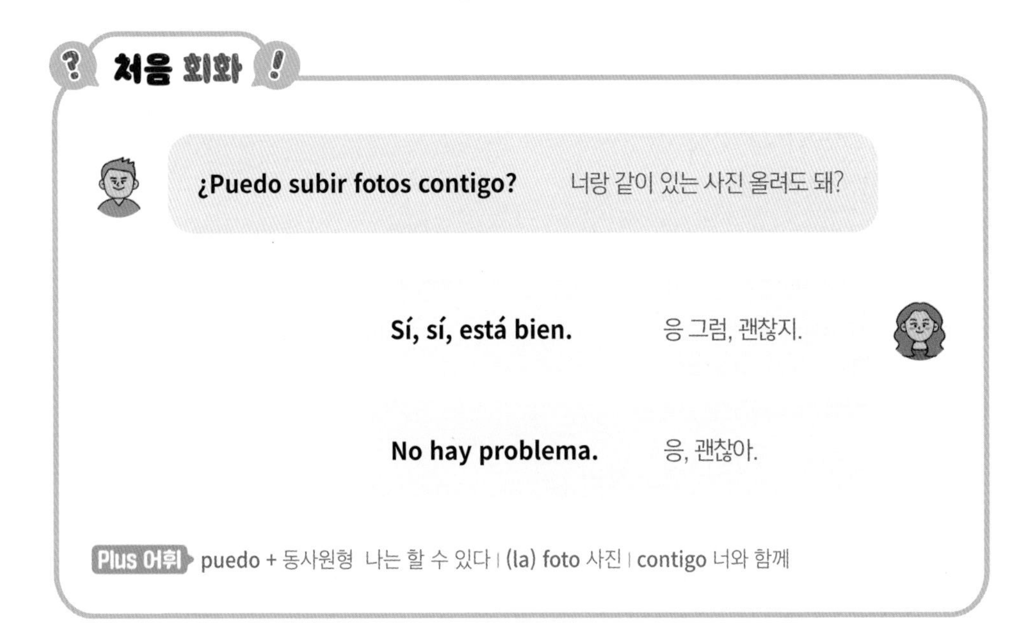

? 처음 회화 !

¿Puedo subir fotos contigo? 너랑 같이 있는 사진 올려도 돼?

Sí, sí, está bien. 응 그럼, 괜찮지.

No hay problema. 응, 괜찮아.

Plus 어휘 puedo + 동사원형 나는 할 수 있다 | (la) foto 사진 | contigo 너와 함께

Check up 제시된 -ir형 동사를 넣어 문장을 완성하세요.

abrir 열다	(Yo) __________ las ventanas a diario.
recibir 받다	(Yo) __________ piso con amigos.
compartir 공유하다	Mi hermana ______________ muchos paquetes.

Plus 어휘 (la) ventana 창문 | (el) piso 아파트 | (el) paquete 택배, 소포

정답 Abro / Comparto / recibe

Unidad 8

종합 연습문제

A 다음 문제를 풀어 보세요.

1 단어와 뜻이 잘못 연결된 것은?

① amor – 사랑하다

② bailar – 춤추다

③ subir – 오르다

④ beber – 마시다

2 동사가 잘못 사용된 문장은?

① Yo trabajo en un banco.

② Mi familia viaja por el mundo.

③ Olga y yo cantamos juntos.

④ Él odio a los gatos.

3 아래 문장을 스페인어로 옳게 쓴 것은?

너는 스페인어를 어디서 배워?

① ¿Dónde aprendas español?

② ¿Dónde aprendes español?

③ ¿Dónde aprendis español?

④ ¿Dónde aprendees español?

4 주어와 abrir 동사 변형이 잘못 연결된 것은?

① Tú – abres

② Sona y tú – abrís

③ Tú y yo – abremos

④ Olivia y Javier – abren

5 빈칸에 들어갈 단어가 나머지와 다른 것은?

① Subo al metro ________ diario.

② ¿Vives ________ tu familia?

③ Amo ________ los perros.

④ Los niños aprenden ________ nadar.

6 아래 질문의 대답으로 어울리지 않는 것은?

¿Comes cilantro?

① Sí, como cilantro.

② ¡Sí, amo el cilantro!

③ Sí, comes cilantro.

④ No, no como cilantro.

B 제시된 문장에 맞게 빈칸을 채워 보세요.

1 한국인들은 치킨을 맥주와 함께 먹어.

→ Los coreanos ________ pollo frito con cerveza.

2 너는 인스타에 사진 많이 올리니?

→ ¿ ________ muchas fotos en Instagram?

3 학생들이 글씨를 못 쓴다.

→ Los estudiantes ________ mal.

4 너는 스페인어를 할 수 있니?

→ ¿ ________ español?

5 나는 노래하는 것을 사랑해.

→ Yo ________ cantar.

6 멕시코인들은 데낄라를 소금과 마셔.

→ Los mexicanos ________ tequila con sal.

처음 Talk talk!

MP3를 들으며 스페인어 기초 회화 표현을 말해 보세요.

Pues sí.

응. 맞아.

Pues no.

그건 아냐.

¿Qué pasa?

무슨 일이야? / 어떻게 지내?

No pasa nada.

아무 일도 없어.

Todo bien.

다 괜찮아.

No hay problema.

괜찮아.

Unidad

기초 튼튼 개념 정리, 부사

부사란? 개념과 쓰임까지 확실하게!

개념체크 다음 문장에서 '삭제'해도 문장이 성립되는 단어는 무엇일까요?

Yo abro las ventanas todos los días.
나는 매일 창문을 열어요.

 todos los días

❶ 부사란?

부사? 부록처럼 꼭 있어야 하는 것은 아닌 부연설명
↳ 副 둘째(버금)

❷ 부사의 종류

부사는 **빈도, 방법, 수량, 시간** 등의 정보를 부연설명해요.

Ella canta **a diario.**	그녀는 **매일** 노래한다.
Ella canta **bien.**	그녀는 노래를 **잘**한다.
Ella canta **mucho.**	그녀는 노래를 **많이** 한다.
Ella canta **hoy.**	그녀는 **오늘** 노래한다.

❸ 부사의 특징(feat. 형용사와 비교)

부사는 **문장 전체, 동사, 형용사, 부사**를 꾸며요.

Normalmente, yo como **mucho.**	나는 **보통 많이** 먹는다. (문장 전체, 동사 수식)
Yo soy **muy** amable.	나는 **매우** 친절해. (형용사 수식)
Yo hablo **muy bien.**	나는 말을 **매우 잘**한다. (부사, 동사 수식)

형용사는 **오직 명사, 주어**를 꾸며요.

Una chica **amable**	한 명의 **친절한** 소녀
Ella es **amable**.	그녀는 **친절해**.

부사 vs 형용사 주요 특징 비교

	부사	형용사
수식 대상	문장 전체, 동사, 형용사, 부사	명사, 주어
위치	비교적 자유로움	명사 앞 또는 뒤, 동사 뒤
성·수일치	X	수식하는 대상에 성·수일치

? 처음 회화 !

¿Qué significa "madrileño"? '마드릴레뇨'가 무슨 뜻이야?

Una persona que vive en Madrid. 마드리드에 사는 사람.

Ah, gracias. 그렇군, 고마워.

Plus 어휘 significar 의미하다 | (el/la) madrileño/a 마드리드에서 태어났거나 관계가 깊은 사람

Tip que는 접속사예요. que 이하의 문장 전체가 선행사를 수식해요.

Check up 다음 중 부사가 아닌 것은?

① Yo corro a diario.
② Ella corre muy bien.
③ Ella corre muy bien.
④ Nosotros estamos cansados.

정답 ④ cansados

부사의 여러 형태와 '형용사 → 부사' 만들기

개념체크 다음 중 부사를 골라보세요.

Él es un jugador ① rápido.
그는 빠른 선수다.

Ella habla ② rápido.
그녀는 빠르게 말한다.

정답 ②

❶ 태생이 부사인 단어들의 예

bien 잘	**mal** 잘 못	**demasiado** 지나치게	**mucho** 많이	**poco** 조금
tanto 그렇게 많이	**temprano** 일찍	**tarde** 늦게	**pronto** 곧	**ahora** 지금

❷ 형용사에서 온 부사들의 예

-o 남성 어미를 -a로 바꾼 후 -mente를 붙여요.

형용사	claro 명확한, 맑은	tranquilo 여유로운	positivo 긍정적인	solo 유일한
부사	claramente 명확하게	tranquilamente 여유롭게	positivamente 긍정적으로	solamente 단지, 다만

-o 로 끝나지 않는 형용사에는 그냥 -mente를 붙여요.

형용사	normal 보통의	general 일반적인	probable 가능성 있는	simple 단순한
부사	normalmente 보통은	generalmente 일반적으로	probablemente 아마도	simplemente 단순히, 단지

❸ 형용사와 형태가 같은 부사들의 예

형용사로 쓸 때는 성·수변화를 해요.

fuerte	rápido	alto	bajo
강한, 강하게	빠른, 빠르게	높은, 높게	낮은, 낮게

❹ 구 형태 부사들의 예

두 개 이상의 단어가 모여 부사 역할을 하는 것을 '부사구'라고 해요.

Ella trabaja **a diario.** 그녀는 **매일** 일한다.
Ella trabaja **con rapidez.** 그녀는 **빠르게** 일한다.

? 처음 회화 !

Yo soy muy fan del fútbol. 나는 엄청난 축구 팬이야.

Yo también soy fan del fútbol. 나도 축구 팬이야.

Yo no. 난 아냐.

Plus 어휘 también 또한 | (el) fútbol 축구 | (el/la) fan 팬

Check up 다음 중 형용사 → 부사 변형이 잘못된 것은?

① normal → normalmente ② probable → probablamente
③ suave → suavemente ④ solo → solamente

⑦ 답정

Lección 45

나는 '항상' '천천히' 먹는다.
빈도부사와 방법부사

개념체크 다음 문장에서 부사를 모두 골라보세요.

Real Madrid siempre gana fácilmente.
레알 마드리드가 항상 쉽게 이긴다.

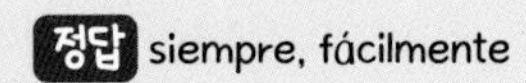

❶ 빈도부사의 종류

빈도부사는 '~을 **얼마나 자주**' 하는지 알려주는 부사예요.

100%	siempre	항상
80~90%	normalmente	대개, 보통
60~70%	a menudo	자주
50%	a veces	가끔
20~30%	rara vez	드물게
0%	nunca	결코 ~하지 않는

Ella **siempre** está en casa. 그녀는 **항상** 집에 있다.
Ella **nunca** está en casa. 그녀는 **절대** 집에 있지 않는다.

Tip nunca는 no자리에 써요. no를 먼저 쓰고 nunca를 문장 맨 끝에 쓸 수도 있어요.

Normalmente yo como solo. 나는 **보통** 혼자 밥을 먹는다.
Ella llora **a menudo.** 그녀는 **자주** 운다.
Yo **no** lloro **nunca.** 나는 **절대** 울지 않는다.

❷ 방법부사의 종류

방법부사는 '~을 **어떻게**' 하는지 알려주는 부사예요. -mente로 끝나는 부사들이 대부분 해당돼요.

bien 잘	mal 잘 못	despacio 천천히	rápido 빠르게	fácilmente 쉽게	simplemente 간단하게

No canto **bien.**	나는 노래를 **잘** 못 한다.
Ella habla muy **despacio.**	그녀는 아주 **천천히** 말한다.
Real Madrid gana **fácilmente.**	레알 마드리드가 **쉽게** 이긴다.

Plus 어휘 ganar 이기다

No soy fan del tenis. 난 테니스 팬은 아냐.

Yo tampoco soy fan del tenis. 나도 테니스 팬은 아니야.

Yo sí. 난 맞아.

Plus 어휘 tampoco 또한 ~ 가 아닌 | (el) tenis 테니스

Check up 다음 중 가장 높은 빈도를 나타내는 단어는?

a menudo	rara vez	normalmente	nunca

정답 normalmente

Lección 46

밤엔 많이 먹지 않아.
시간부사와 수량부사

개념체크 다음 문장에서 부사를 모두 골라보세요.

Nunca como mucho por la noche.

나는 밤에 절대 많이 먹지 않아.

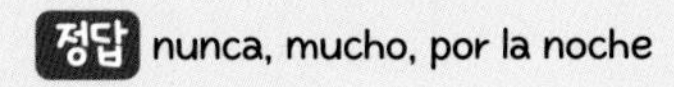

정답 nunca, mucho, por la noche

❶ 시간부사의 종류

시간부사는 '~을 **언제**' 하는지 알려주는 부사예요.

ayer 어제	hoy 오늘	mañana 내일	ahora 지금
temprano 일찍	tarde 늦게	ya 이제, 이미	todavía 아직

Hoy no trabajo. — **오늘** 나는 일을 안 해.
Ahora estoy en casa. — 나는 **지금** 집에 있어.
Ya no eres mi amigo. — 너는 **이제** 내 친구가 아니야.

시간부사 오전, 오후, 저녁에~ 는 전치사와 함께 구형태로 표현해요. 내일 mañana은 항상 혼자, 오전 por la mañana은 항상 전치사와 함께 써요. 늦게 tarde와 오후 por la tarde도 마찬가지예요.

por la mañana 아침에, 오전에	**por la tarde** 오후에	**por la noche** 밤에

Estudio **mañana por la mañana.** — **내일 오전에는** 공부한다.
Trabajo **mañana por la tarde.** — **내일 오후에는** 일한다.

❷ 수량부사의 종류

수량부사는 '~을 **얼마나**' 하는지 알려주는 부사예요.

mucho 많이	poco 조금, 적게	demasiado 지나치게	bastante 꽤	tanto 아주 많이, 그렇게 많이	nada 전혀 ~가 아닌

Ella estudia **tanto**. 그녀는 **진짜 많이** 공부해.
Eres **demasiado** hermosa. 넌 **지나치게** 아름다워.
No como **nada** por la noche. 나는 밤에는 **아무것도** 먹지 않아.

Tip nada는 항상 no 부정문과 함께 써요.

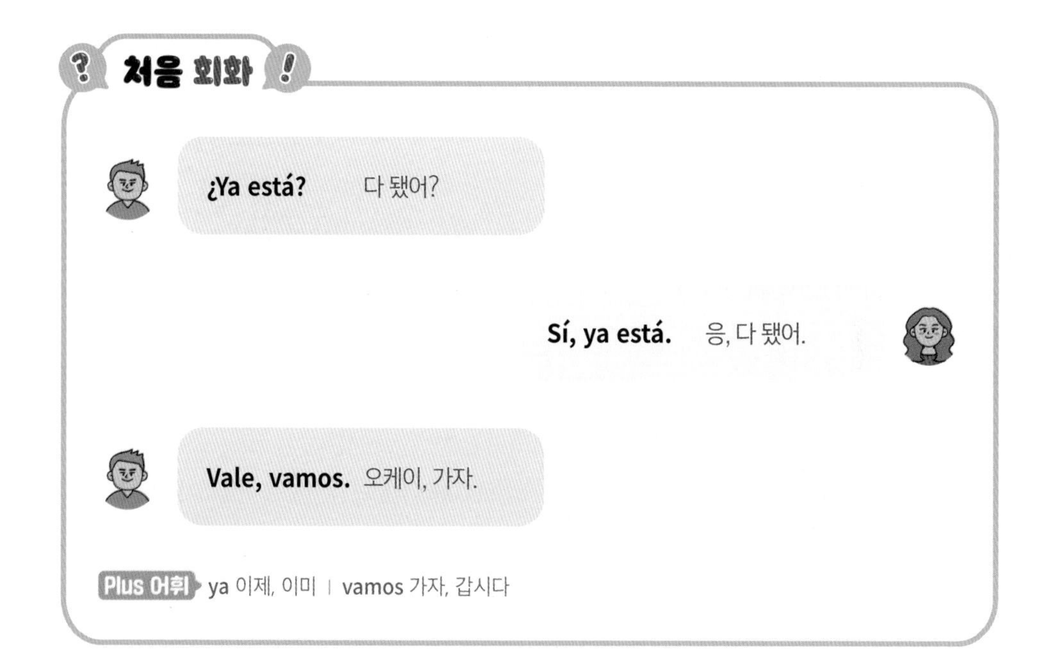

Check up 빈칸에 들어갈 수 없는 단어는?

Ella come ____________.

poco demasiado nada tanto

정답 nada

Unidad 9

종합 연습문제

A 다음 문제를 풀어 보세요.

1 다음 중 단어의 관계가 다른 하나는?

① alto – bajo

② temprano – tarde

③ mucho – poco

④ hoy – ahora

2 다음 중 부사가 잘못 사용된 문장은?

① Los españoles hablan muy rápidos.

② Ella bebe cerveza a menudo.

③ Normalmente yo como solo.

④ Real Madrid gana fácilmente.

3 아래 문장을 스페인어로 옳게 바꾼 것은?

나는 아침에 아무것도 먹지 않아.

① No como nada mañana.

② No como nada por la mañana.

③ Como nada mañana.

④ Como nada por la mañana.

4 다음 중 문법적으로 옳지 않은 문장은?

① Él siempre llega tarde a casa.

② El tabaco es simplemente malo.

③ Mi padre trabaja demasiado.

④ Javier habla bastante buen.

5 빈칸에 들어갈 단어가 나머지와 다른 하나는?

① Ella trabaja ________ rapidez.

② Escucho música ________ menudo.

③ ________ veces corro por el parque.

④ Estudio españo ________ diario.

6 아래 질문의 대답으로 어울리지 않는 것은?

¿Comes carne?

① Sí, como carne a diario

② No, nunca como carne.

③ Sí, como carne nunca.

④ No, no como carne.

B 제시된 문장에 맞게 빈칸을 채워 보세요.

1 나는 보통 일찍 아침을 먹는다.

→ Normalmente desayuno ________ .

2 그는 매우 강하게(강한 어조로) 말한다.

→ Él habla muy ________ .

3 그는 지나치게 뚱뚱하다.

→ Él es ________ gordo.

4 그녀는 드물게 집에 있다.

→ Ella ________ vez está en casa.

5 내일 오후에 집에 있니?

→ ¿Estás en casa mañana ________ ________ ________ ?

6 택배가 늦게 도착한다.

→ Los paquetes llegan ________ .

처음 Talk talk!

MP3를 들으며 스페인어 기초 회화 표현을 말해 보세요.

¿Ya está?

다 됐어?

Sí, ya está.

응, 다 됐어.

Yo también.

나도야.

Yo tampoco.

나도 아냐.

¿Dónde vives?

너는 어디에 살아?

Vivo en Corea.

나는 한국에 살아.

Unidad

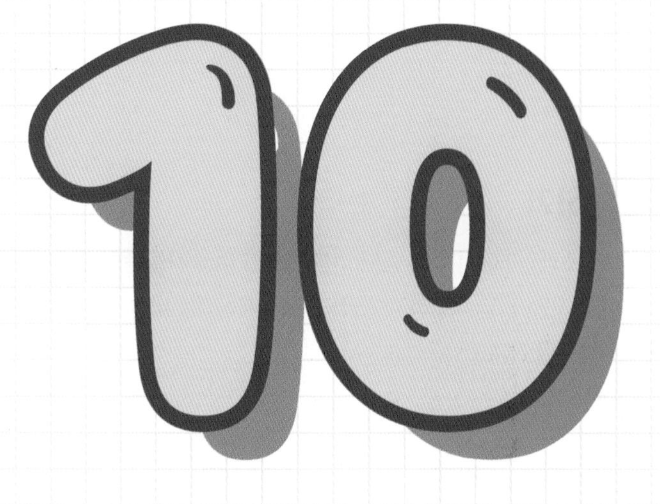

숫자 활용하기
0~1000

Lección 47

숫자 0~30
VENTI 사이즈, 그런 뜻이었어?

개념체크 다음 빈칸에 들어갈 적절한 단어는 무엇일까요?

[ ] 치즈 피자에는 네 종류의 치즈가 들어가요.

우노 **uno**	도스 **dos**	뜨레스 **tres**	꽈뜨로 **cuatro**

정답 꽈뜨로 cuatro

❶ 0~15 숫자 익히기

0부터 15까지의 숫자는 스페인어에서 기본 중의 기본이에요! 이 숫자들은 모두 모양도 다르고 특별한 규칙 없이 각각 외워야 하지만, 너무 걱정하지 않아도 돼요. 처음에는 낯설게 느껴질 수 있지만, 차근차근 익히다 보면 금방 익숙해질 거예요.

0 **cero**	1 **uno**	2 **dos**	3 **tres**
4 **cuatro**	5 **cinco**	6 **seis**	7 **siete**
8 **ocho**	9 **nueve**	10 **diez**	11 **once**
12 **doce**	13 **trece**	14 **catorce**	15 **quince**

❷ 16~30 숫자 익히기

16 이상의 숫자는 '십 단위 y 일 단위'로 구성돼요. 예를 들어 16은 diez y seis → dieciséis, 21은 veinte y uno → veintiuno 예요. 빠르게 발음할 때의 연음이 반영되어 철자 변동이 일어나요.

16	17	18	19	20
dieciséis	**diecisiete**	**dieciocho**	**diecinueve**	**veinte**
21	22	23	24	25
veintiuno	**veintidós**	**veintitrés**	**veinticuatro**	**veinticinco**
26	27	28	29	30
veintiséis	**veintisiete**	**veintiocho**	**veintinueve**	**treinta**

Tip ① 0~30까지의 숫자 중 **16, 22, 23, 26**에는 띨데가 있어요. ② 이탈리아어로 **20**은 **'venti'**예요.

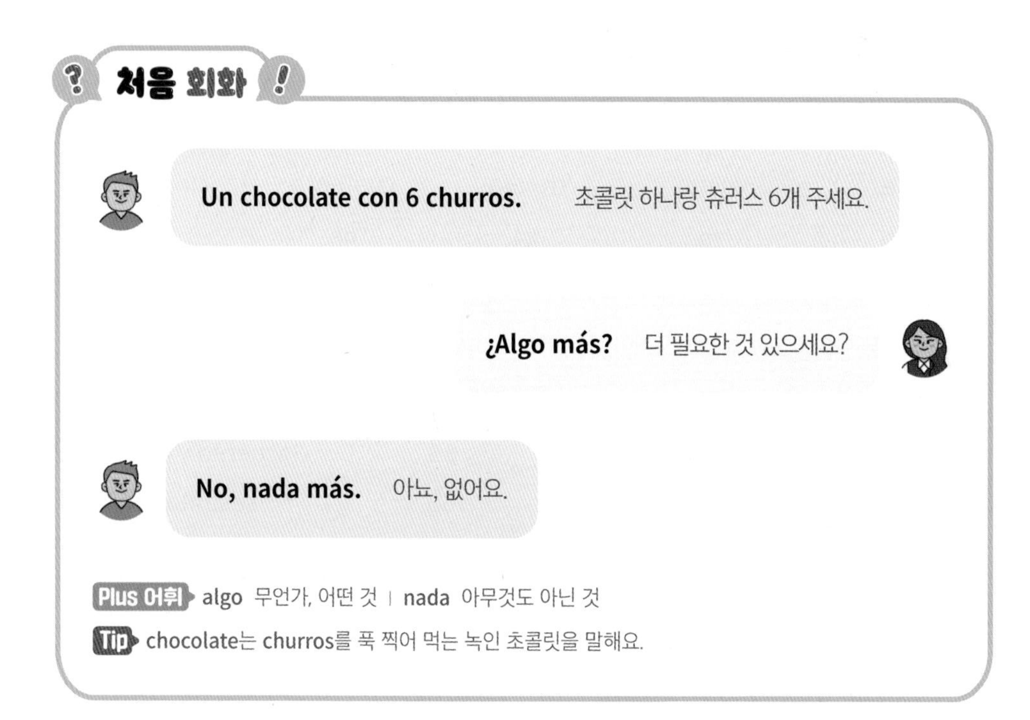

Check up 다음 중 숫자와 명칭이 잘못 연결된 것은?

3	10	12	20
tres	diaz	doce	veinte

정답 10 diaz

Lección 48

숫자 31~100
스페인어권 화폐 단위 알아보기

개념체크 아래 단어들을 바르게 읽어보세요.

Euro　　Dólar

정답 에우로, 돌라르

❶ 31~100 숫자 익히기

'십 y 일'의 원리는 16~100까지 적용돼요.

10 diez	20 veinte	30 treinta	40 cuarenta	50 cincuenta
60 sesenta	70 setenta	80 ochenta	90 noventa	100 cien

16~29까지는 연음을 고려해 붙여 쓰지만, 30~99는 띄어쓰기를 유지한 채 그냥 '십 y 일' 나열해요.

31	treinta y uno	50	cincuenta
32	treinta y dos	55	cincuenta y cinco
33	treinta y tres	60	sesenta
34	treinta y cuatro	66	sesenta y seis
35	treinta y cinco	70	setenta
36	treinta y seis	77	setenta y siete
37	treinta y siete	80	ochenta
38	treinta y ocho	88	ochenta y ocho
39	treinta y nueve	90	noventa
40	cuarenta	99	noventa y nueve
44	cuarenta y cuatro	100	cien

❷ 화폐 단위로 연습하기

숫자와 화폐를 연결해서 연습해 봐요.

(el) euro 유로	(el) dólar 달러	(el) peso 페소

Tip 페소 **peso**는 멕시코, 아르헨티나, 콜롬비아, 칠레 등 중남미 여러 국가에서 사용되는 화폐 단위예요.

33유로 treinta y tres euros
45달러 cuarenta y cinco dólares
100달러 cien dólares
52페소 cincuenta y dos pesos

? 처음 회화 !

¿Cuánto vale? 얼마예요?

Diez con cincuenta. 10 유로 50 센트요.

¿En dólares? 달러로는요?

Plus 어휘 **cuánto** 얼마나 많은 | **vale** ~가치가 있다

Tip **10,50€** 로 표기하고 콤마(,)는 **con**으로 읽어요.

Check up 다음 중 숫자와 명칭이 잘못 연결된 것은?

20	40	50	60
veinte	cuarenta	cincuenta	setenta

정답 60 setenta

Lección 49

101~1000 그리고 숫자의 성·수일치!

개념체크 다음 빈칸에 들어갈 단어는 무엇일까요?

_______ **café, por favor**.

커피 한 잔 주세요.

정답 Un

❶ 101~1000 숫자 익히기

딱 100만 cien이고 101부턴 ciento로 바뀌어요. y는 오로지 '십 y 일'에만 쓰여요! 이 구간에서는 숫자 표현에 약간의 규칙이 더해지기 때문에 처음에는 익숙해지는 데 시간이 걸릴 수도 있지만, 한 번 배우면 활용도가 정말 높답니다.

100	cien	200	**dos**cientos
101	**ciento** uno	201	**doscientos** uno
102	**ciento** dos	202	**doscientos** dos
111	**ciento** once	211	**doscientos** once
131	**ciento** treinta **y** uno	231	**doscientos** treinta **y** uno

200부터 900까지는 기본 숫자(2~9)에 -cientos를 붙여 표현해요.

100 cien	200 doscientos	300 trescientos	400 cuatrocientos	500 quinientos
600 seiscientos	700 setecientos	800 ochocientos	900 novecientos	1000 mil

Tip 500, 700, 900은 불규칙이에요. 예) **siete**cientos (X) → **sete**cientos (O)

❷ 숫자의 성·수일치

숫자 1은 뒤에 명사가 올 경우 명사의 성에 따라 형태가 바뀌어요. 숫자 1의 변형은 1로 끝나는 모든 십 단위 수에도 해당돼요.

1	**un** euro	21	veinti**ún** euro**s**
	una manzana		veinti**una** manzana**s**

200~900 중 100단위 수는 수식하는 명사에 성·수일치해요.

doscient**os** hombres 200명의 남자들
doscient**os** diez hombres 210명의 남자들
doscient**as** mujeres 200명의 여자들
doscient**as** diez mujeres 210명의 여자들

처음 회화

¿Cuál es tu número? 너 번호가 뭐야?

910-011-2035. ¿Y el tuyo? 910-011-2035야. 네 번호는?

Plus 어휘 (el) número 숫자, 번호 | (el/la) tuyo/a 너의 것

Tip 전화번호는 보통 두 개씩 끊어 읽어요. **9, 10 - 0, 11 - 20, 35** 이런 식으로요. 숫자 조합에 따라 달라질 수 있어요.

Check up 1 다음 중 숫자와 명칭이 잘못 연결된 것은?

100	200	500	800
cien	doscientos	cincocientos	ochocientos

Check up 2 빈칸에 들어갈 숫자로 옳은 것은?

__________ **personas**
41명의 사람들

cuarenta y uno cuarenta y una cuarentaun cuarentauna

정답 1. cincocientos | 2. cuarenta y una

Lección 50

첫 번째, 두 번째··· 서수의 개념과 형태까지

개념체크 다음 중 서수를 모두 골라보세요.

primero	cien	uno	tercero
첫 번째	100	1	세 번째

정답 primero, tercero

❶ 서수란?

'첫 번째, 두 번째'와 같이 **순서를 나타내는 수**를 서수라고 해요.

❷ 서수의 형태와 활용 (첫 번째 ~ 열 번째)

서수는 보통 명사 앞에 놓여요. 뒤에 오는 명사에 따라 성·수 변화를 해요!

1	2	3	4	5
primero/a **primer**	segundo/a	tercero/a **tercer**	cuarto/a	quinto/a
6	7	8	9	10
sexto/a	séptimo/a	octavo/a	noveno/a	décimo/a

Tip **primero**와 **tercero**는 남성 단수 명사앞에서 **'o'**가 탈락해요.

Es mi **primera** vez. 처음이에요.
La oficina está en la **quinta** planta. 사무실은 5층에 있어요.

Mañana es mi **décimo** cumpleaños.	내일은 내 10번째 생일이야.
El rey de España es Felipe **VI**.	스페인의 왕은 펠리페 6세야.

Tip **서수**로 세대를 말할 때는 이름 뒤에 숫자가 놓여요.

❸ 서수의 형태와 활용 (열한 번째 ~)

열한 번째부터는 보통 기수를 써요! 기수는 보통 명사 뒤에 놓여요.

Vivo en la planta **veinte**.	나는 20층에 살아.
Hoy estudiamos la lección **cincuenta**.	오늘 우리는 50강을 공부해요.

처음 회화

¿Cuál es la segunda ciudad de México?
멕시코의 제 2의 도시가 어디야?

La segunda ciudad es Guadalajara. 두 번째 도시는 과달라하라야.

La tercera ciudad es Monterrey. 세 번째 도시는 몬테레이야.

Plus 어휘 (la) ciudad 도시

Check up 빈칸에 들어갈 단어로 옳은 것은?

Ella es mi __________ hija.
그녀는 나의 둘째 딸이야.

secundo secunda segundo segunda

정답 segunda

Unidad 10

종합 연습문제

A 다음 문제를 풀어 보세요.

1 숫자와 명칭이 옳게 짝지어진 것은?

① 23 – veinti tres

② 57 – cincuenta siete

③ 103 – cien tres

④ 502 – quinientos dos

2 주어진 한국어 문장을 스페인어로 옳게 쓴 것은?

① 21개의 도시들 – veintiuna ciudades

② 100명의 학생들 – ciento estudiantes

③ 33달러 – treinta y tres dólar

④ 31명의 사람들 – treinta y unas personas

3 아래 문장을 스페인어로 옳게 쓴 것은?

15 유로 50 센트

① Diecicinco y cincuenta euros

② Diecicinco con cincuenta euros

③ Quince de cincuenta euros

④ Quince con cincuenta euros

4 서수의 쓰임이 적절하지 않은 문장은?

① Hoy estudiamos la lección catorce.

② La oficina está en el cuarto planta.

③ Vivo en la planta veinte.

④ Monterrey es la tercera ciudad de México.

5 빈칸에 들어갈 단어가 나머지와 다른 하나는?

① Es mi _________ vez aquí.

② Vivo en la _________ planta.

③ Eres mi _________ amor.

④ Ella es mi _________ hija.

6 아래 수식을 스페인어로 옳게 쓴 것은?

500 + 200 = 700

① Cincocientos más doscientos son setecientos.

② Quinientos más dos cientos son sietecientos.

③ Cincocientos más doscientos son sietecientos.

④ Quinientos más doscientos son setecientos.

B 제시된 문장의 빈칸을 채워 보세요.

1 100년 동안의 고독.

→ ________ años de soledad.

2 한 달은 31일이다.

→ Un mes tiene treinta y ________ días.

3 1년은 52주다.

→ Un año tiene ________ y dos semanas.

4 1년은 365일이다.

→ Un año tiene ________ ________ ________ ________ días.

5 오늘은 내 첫 출근 날이다.

→ Hoy es mi ________ día de trabajo.

6 스페인어가 내 제2모국어이다.

→ El español es mi ________ lengua.

처음 Talk talk!

MP3를 들으며 스페인어 기초 회화 표현을 말해 보세요.

¿Algo más?
더 필요한 것 있으세요?

No, nada más.
아뇨, 없어요.

¿Cuánto vale?
얼마예요?

¿Cuánto es?
얼마예요?

Diez con cincuenta.
10유로 50센트입니다.

¿Cuál es tu número?
너 번호가 뭐야?

Unidad

재밌고 유용한
불규칙 동사의 세계로!

불규칙 동사란? 네 가지 유형 한 번에 살펴보기

개념체크 아래 문장에 사용된 동사의 원형을 맞춰보세요.

Ellos piensan en el futuro. 그들은 미래를 생각한다.

piensar　pienser　piensir　pensar

정답 pensar

❶ 불규칙 변화 동사란?

모든 동사는 어근+어미로 이뤄져요. 어근은 바뀌지 않고 어미만 변화하는 동사를 규칙 변화 동사라고 배웠어요. 이와 달리 불규칙 변화 동사는 **어근과 어미가 모두 변화하는 동사**예요.

❷ 불규칙 변화 동사의 네 가지 유형

① 유형 1: 1인칭 단수 불규칙

SABER 알다				HACER 하다			
sé		sab	emos	hago		hac	emos
sab	es	sab	éis	hac	es	hac	éis
sab	e	sab	en	hac	e	hac	en

Tip 1인칭 단수 즉, yo에서만 불규칙 변화를 해요.

② 유형 2: 어근 모음 변화형

e → ie				o → ue			
PENSAR 생각하다				DORMIR 자다			
piens	o	pens	amos	duerm	o	dorm	imos
piens	as	pens	áis	duerm	es	dorm	ís
piens	a	piens	an	duerm	e	duerm	en

Tip **어근의 모음 변화**는 nosotros, vosotros에서는 일어나지 않아요.

③ 유형 3: 유형 1+2 혼합형

TENER 가지다				DECIR 말하다			
tengo		ten	emos	digo		dec	imos
tien	es	ten	éis	dic	es	dec	ís
tien	e	tien	en	dic	e	dic	en

Tip yo에서의 불규칙과 모음 변화가 모두 일어나요.

④ 유형 4: 완전 불규칙형

SER ~이다	
soy	somos
eres	sois
es	son

처음 회화

¿Cómo se dice en español “OK”? 스페인어로 ‘오케이’를 뭐라고 해?

En España “Vale”. 스페인에선 ‘발레’라고 해.

En México “¡Órale!”. 멕시코에선 ‘오랄레’라고 해.

Plus 어휘 se dice ~라고 말하다

Tip ¿Cómo se dice en español ~? ~를 스페인어로 뭐라고 해?

Check up 다음 중 단어와 뜻이 잘못 연결된 것은?

pensar	saber	tener	decir
생각하다	~이다	가지다	말하다

정답 saber – ~이다

Lección 52

지금 뭐해? 유형 1 주요 동사 알아보기

개념체크 아래 문장에 사용된 동사의 원형을 맞춰보세요.

Yo hago la tarea. 나는 숙제를 한다.

hagar　hager　hagir　hacer

정답 hacer

❶ 유형 1 불규칙 동사란?

1인칭 단수 불규칙, 쉬운 말로는 **yo 불규칙**이에요. 유형 1의 주요 동사 세 가지를 배워 봐요.

❷ 유형 1 주요 동사

SABER 알다		HACER 하다		VER 보다	
sé		**hago**		**veo**	
sab	es	hac	es	v	es
sab	e	hac	e	v	e
sab	emos	hac	emos	v	emos
sab	éis	hac	éis	v	eis
sab	en	hac	en	v	en

Tip ver의 vosotros 변화형에 주의하세요. 예) véis (x) → veis (o)

❸ 유형 1 주요 동사 활용하기

No **sé**.	몰라요.
Hago yoga.	나는 요가를 해.

Veo una película.	나는 영화 한 편을 본다.
Veo a mis amigos a veces.	나는 친구들을 가끔 본다.

Tip ver를 비롯 스페인어 대다수의 동사들은 목적어로 사람이 올 때 전치사 '**a**'를 함께 써요.

A: **¿Sabes** dónde está el cine?	너 영화관이 어디 있는 줄 아니?
B: No **sé**.	몰라.
A: ¿Qué **haces** esta tarde?	너 오늘 오후에 뭐해?
B: No **hago** nada.	아무것도 안 해.
A: ¿Normalmente dónde **ves** películas?	보통 영화 어디서 봐?
B: **Veo** películas en Netflix.	넷플릭스에서 봐.

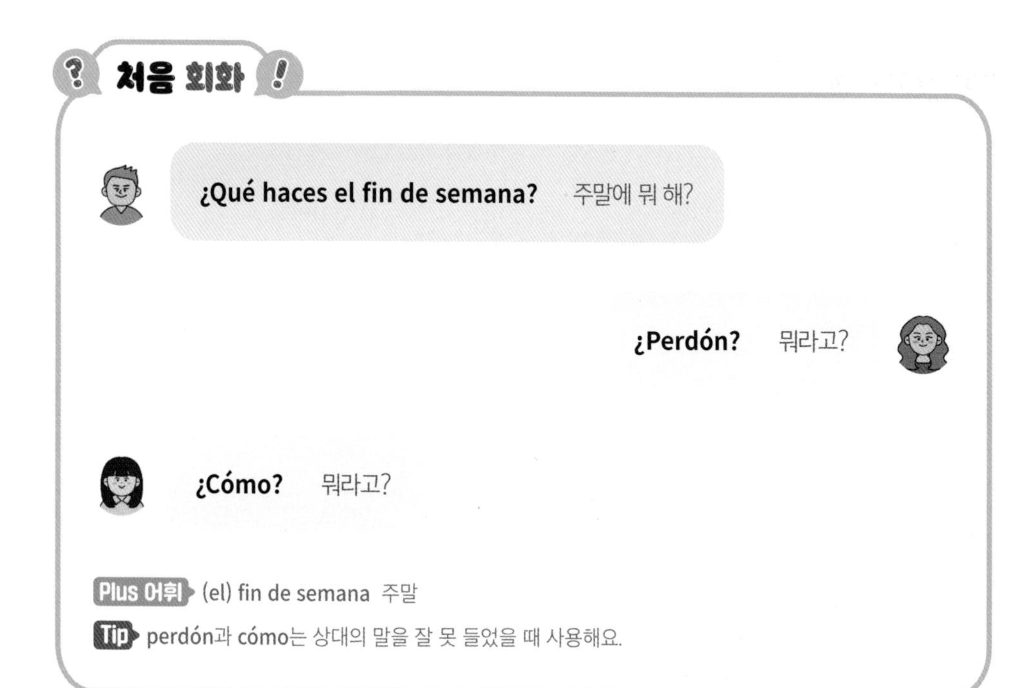

Check up 다음 주어와 연결할 동사 형태로 옳지 않은 것은?

Nosotros			
sabemos	hacemos	veremos	vemos

정답 veremos

나는 많이 자.
유형 2 주요 동사 알아보기 1탄

개념체크 아래 문장에 사용된 동사의 원형을 맞춰보세요.

Yo duermo mucho. 나는 많이 자.

duermar **duermer** **duermir** **dormir**

정답 dormir

❶ 유형 2 불규칙 동사란?

어근의 모음 하나가 다른 형태로 바뀌는 동사예요. 총 5개의 모음 변화 형태가 있어요.

o → ue형	e → ie형	e → i형	u → ue형	i → ie형

이번 과에서는 먼저 o → ue형 동사를 배워 볼게요. 모든 유형2 동사들은 Nosotros, Vosotros에서는 모음 변화하지 않아요.

❷ 유형 2 o → ue형 주요 동사

DORMIR 자다		VOLVER 돌아오다	
duerm	o	vuelv	o
duerm	es	vuelv	es
duerm	e	vuelv	e
dorm	imos	volv	emos
dorm	ís	volv	éis
duerm	en	vuelv	en

Tip volver는 '돌아오다, 돌아가다' 두 가지 의미를 가져요.

❸ 유형 2 o → ue형 주요 동사 활용하기

Duermo 8 horas. 나는 8시간을 자.
Él **vuelve** pronto. 그가 곧 돌아온다.
Él **vuelve** a su país pronto. 그는 곧 고국으로 돌아간다.

Los españoles **duermen** la siesta. 스페인 사람들은 낮잠을 잔다.
A: ¿Cuándo **vuelves** a Corea? 한국에 언제 돌아가?
B: **Vuelvo** mañana. 내일 돌아가.

Plus 어휘 (la) hora 시간 | volver a ~로 돌아오다, 돌아가다 | (el) país 국가 | (la) siesta 낮잠 | cuándo 언제

처음 회화

Normalmente yo duermo 12horas. 나는 보통 12시간을 자.

¿Qué dices? 뭐라고?

¿En serio? 진짜야?

Tip ¿Qué dices?는 직역하면 '무슨 말 하는 거야?'지만 '뭐라고?, 진짜야?'와 같은 의미로 쓰여요.

Check up 주어와 동사가 잘못 연결된 것은?

Yo - vuelvo Tú - vuelves Vosotros - volvés Ellos - vuelven

정답 vosotros – volvés

Lección 54

매일 쓰는 PODER 할 수 있다 자세히 보기

개념체크 아래 문장에 사용된 동사의 원형을 맞춰보세요.

Yo no puedo. 나는 못해.

poder **puedar** **pueder** **puedir**

정답 poder

❶ PODER "~을 할 수 있다" 동사의 형태

PODER는 어근의 모음이 o → ue 변화하는 유형2 불규칙 동사예요.

PODER 할 수 있다			
pued	o	pod	emos
pued	es	pod	éis
pued	e	pued	en

❷ PODER "~을 할 수 있다" 활용하기

PODER + 동사원형

~할 수 있다

Tip PODER 동사 뒤에는 오직 동사원형만이 목적어로 와요.

① 능력과 한계를 말할 때 사용해요.

Puedo tocar el piano. 나는 피아노를 칠 수 있어.

No **puedo** comer más. 더 이상 못 먹겠어.

Plus 어휘 tocar 만지다, 연주하다 | más 더, 더 이상

② 허락, 부탁, 제안, 방법을 말할 때 사용해요.

¿**Puedo** abrir la puerta?	나 문 좀 열어도 될까? (허락, 가능)
¿**Puedes** abrir la puerta?	문 좀 열어줄 수 있니? (부탁)
¿**Podemos** abrir la puerta?	우리 문 좀 열까? (제안)

Plus 어휘 (la) puerta 문 | abrir 열다

¿**Puedo** usar el baño?	화장실 이용해도 될까요? (허락, 가능)
¿Cómo **puedo** llegar a la plaza?	광장까지 어떻게 가나요? (방법)
¿Dónde **puedo** comprar la entrada?	입장권 어디서 살 수 있나요? (방법)

Plus 어휘 comprar 사다, 구매하다 | usar 사용하다

Estoy muy nerviosa por el examen. 시험 때문에 너무 긴장 돼.

¡Tú puedes, amiga! 넌 할 수 있어 친구야!

¡Ánimo! 기운 내!

Plus 어휘 nervioso/a por ~로 인해 긴장하다

Check up 빈칸에 들어갈 동사 형태로 옳은 것은?

¿ Qué __________ hacer vosotros?

podéis pudéis pueden puedéis

정답 podéis

Lección 55

어떻게 생각해? 유형 2 주요 동사 알아보기 2탄

개념체크 아래 문장에 사용된 동사의 원형을 맞춰보세요.

Yo no miento. 나는 거짓말 안 해.

mientar　　mienter　　mientir　　mentir

정답 mentir

❶ 유형 2 e→ie형 주요 동사

PENSAR 생각하다		MENTIR 거짓말하다		PREFERIR 선호하다	
piens	o	mient	o	prefier	o
piens	as	mient	es	prefier	es
piens	a	mient	e	prefier	e
pens	amos	ment	imos	prefer	imos
pens	áis	ment	ís	prefer	ís
piens	an	mient	en	prefier	en

Tip 만약 어근에 모음이 여러 개 있더라도 변화는 두번째 모음에서만 일어나요. 예) pr**e**ferir → prefi**e**ro

❷ 유형 2 e→ie형 주요 동사 활용하기

¿Qué **piensas**? 어떻게 생각해?
Pensamos comer fuera. 우리는 외식할 생각이야.
Ella siempre **miente.** 그녀는 항상 거짓말을 해.

Plus 어휘 qué 무엇을 | pensar + 동사원형 ~할 생각이다 | fuera 밖에서

A: **¿Prefieres** el vino o la cerveza? 와인이 좋아, 맥주가 좋아?
B: **Prefiero** el vino a la cerveza. 난 맥주보다 와인이 더 좋아.

Plus 어휘 preferir A a B A를 B보다 더 좋아하다

Siempre **pienso** en ella. 나는 항상 그녀를 생각한다.
A: ¿**Mientes** mucho? 너는 거짓말을 많이 하니?
B: Nunca **miento**. 나는 절대 거짓말 안 해.

A: ¿**Prefieres** el café o el zumo? 커피가 좋아, 주스가 좋아?
B: **Prefiero** el café al zumo. 나는 주스보다 커피를 선호해.

Tip 전치사 a와 정관사 el이 만나면 'al'로 축약해요.

Messi es mi vecino. 메시는 내 이웃이야.

¡Mentira! 거짓말!

¡Mentiroso! 거짓말쟁이!

Plus 어휘 (el/la) vecino/a 이웃 | (la) mentira 거짓말 | (el/la) mentiroso/a 거짓말쟁이

Check up 질문의 답변으로 옳은 것은?

¿ Mientes mucho?

① A veces. ② Sí, mientes. ③ ¿Mientes? ④ Sí, mentimos.

① 정답

Lección 56

매일 쓰는 QUERER 원하다 자세히 보기

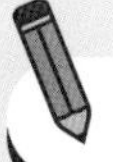

개념체크 아래 문장에 사용된 동사의 원형을 맞춰보세요.

¿Qué quieres? 무엇을 원하니?

querer **quierar** **quierer** **querir**

정답 querer

❶ QUERER "~을 원하다" 동사의 형태

QUERER는 어근의 모음이 e → ie 변화하는 유형2 불규칙 동사예요.

QUERER 원하다			
quier	o	quer	emos
quier	es	quer	éis
quier	e	quier	en

❷ QUERER "~을 원하다" 동사 활용하기

QUERER	+	사물명사	~을 원하다
		동사원형	~하기를 원하다
		사람명사	~을 좋아하다 (사랑하다)

Tip 목적어의 종류에 따라 뜻이 달라져요.

① QUERER + 사물명사

¿Qué **quiere**?	무엇을 원하세요?
Quiero un zumo de naranja.	오렌지 주스 한 잔 원해요.

② QUERER + 동사원형

¿Qué **quieres** comer?	뭐 먹고 싶어?
Quiero comer empanadas.	엠파나다를 먹고 싶어.

③ QUERER + 사람명사

Quiero a Clara.	나는 끌라라를 사랑해.
Te **quiero** mucho.	너를 많이 사랑해.

Plus 어휘 te 너를 (목적대명사)

¿Quieres ser mi novia? 내 여자친구 할래?

¡Claro que sí! 물론이지!

Lo siento mucho. No puedo. 미안해. 그럴 수 없어.

Tip ¿Quieres ser mi novio/a?는 흔하게 쓰는 고백 멘트예요.

Check up 빈칸에 들어갈 동사 형태로 옳은 것은?

¿Qué ____________ vosotros?

queréis quires quieren quieréis

정답 queréis

Lección 57

메시는 축구를 잘해
유형 2 주요 동사 알아보기 3탄

개념체크 아래 문장에 사용된 동사의 원형을 맞춰보세요.

Messi juega al fútbol bien. 메시는 축구를 잘해.

jugar **juegar** **jogar** **jegar**

정답 jugar

❶ 유형 2 e→i형, u→ue형 주요 동사

어근의 모음이 u → ue 변화하는 동사는 오직 JUGAR 하나예요.

e→i형				u→ue형	
PEDIR 요청하다, 주문하다		MEDIR 치수를 재다		JUGAR 놀다, 경기하다	
pid	o	mid	o	jueg	o
pid	es	mid	es	jueg	as
pid	e	mid	e	jueg	a
ped	imos	med	imos	jug	amos
ped	ís	med	ís	jug	áis
pid	en	mid	en	jueg	an

❷ 유형 2 e→i형, u→ue형 주요 동사 활용하기

Pido una pizza a domicilio.	나는 피자 한 판을 배달시킨다.
Te **pido** un favor.	너에게 부탁 하나 할게.
¿Cuánto **mides**?	넌 키가 몇이야?

Plus 어휘 pedir a domicilio 배달시키다 | (el) favor 부탁 | cuánto 얼마나 많이

Juego al tenis. 나는 테니스를 쳐.
¿Puedes **jugar** al tenis? 너는 테니스를 칠 수 있니?
Los niños **juegan** con la pelota. 아이들이 공을 가지고 논다.

Tip jugar 동사 뒤에 스포츠 명사가 오면 a를 써요.

처음 회화

Me gusta el fútbol. 나는 축구를 좋아해.

Me gusta el Real Madrid. 나는 레알 마드리드를 좋아해.

Me gusta Cristiano Ronaldo. 나는 크리스티아누 호날두를 좋아해.

Tip Me gusta ~ 뒤에는 단수명사와 동사원형 등이 올 수 있어요.

Check up 질문의 답변으로 옳은 것은?

¿Pedís comida a domicilio a menudo?

① Sí, pido a veces.
② Sí, pedimos a menudo.
③ No pido comida a domicilio.
④ No pedís comida a domicilio.

② 정답

내 말 들리니? 유형 3 주요 동사 알아보기

개념체크 아래 문장에 사용된 동사의 원형을 맞춰보세요.

¿Me oyes? 내 말 들리니?

oyer　oyar　oyir　oír

정답 oír

❶ 유형 3 불규칙 동사란?

유형 1과 유형 2 변형이 모두 일어나는 동사를 유형3 불규칙 동사라고 해요.

❷ 유형 3 주요 동사

VENIR 오다		DECIR 말하다		OÍR 듣다	
vengo		digo		oigo	
vien	es	dic	es	oy	es
vien	e	dic	e	oy	e
ven	imos	dec	imos	o	ímos
ven	ís	dec	ís	o	ís
vien	en	dic	en	oy	en

Tip oír 동사는 동사원형과 1인칭 복수 어미에도 띨데가 있어요.

❸ 유형 3 주요 동사 활용하기

Vengo del trabajo. 나는 회사에서 오는 길이야.
Los aguacates **vienen** de México. 아보카도들이 멕시코에서 온다.

Yo no **digo** mentiras.	나는 거짓을 말하지 않아.
¿Me **oyes**?	내 말 들리니?

Plus 어휘 (el) trabajo 일, 회사 | (la) mentira 거짓(말) | me 나를, 나에게

A: ¿Clara **viene** a la fiesta?	끌라라가 파티에 오니?
B: Sí, **viene**.	응, 와.
Dice que el español es divertido.	스페인어가 재밌다고들 한다.
Mi padre no **oye** bien.	우리 아빠는 잘 듣지 못한다.

Plus 어휘 (la) fiesta 파티 | divertido/a 재미있는

처음 회화 (hablando por teléfono 전화 통화에서)

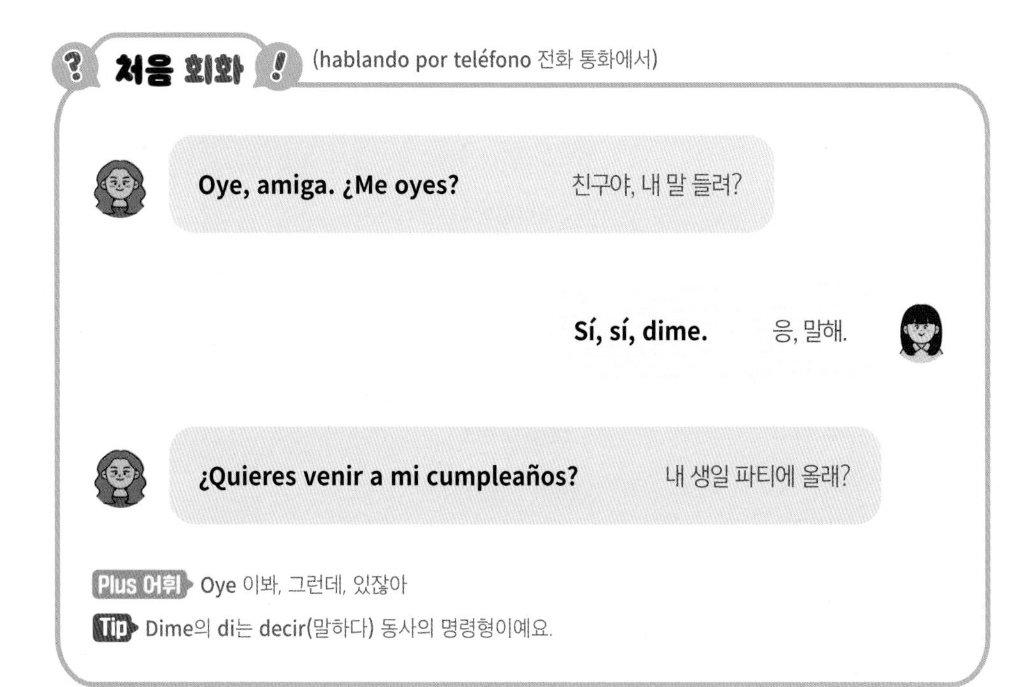

Oye, amiga. ¿Me oyes? 친구야, 내 말 들려?

Sí, sí, dime. 응, 말해.

¿Quieres venir a mi cumpleaños? 내 생일 파티에 올래?

Plus 어휘 Oye 이봐, 그런데, 있잖아

Tip Dime의 di는 decir(말하다) 동사의 명령형이예요.

Check up 질문의 답변으로 옳은 것은?

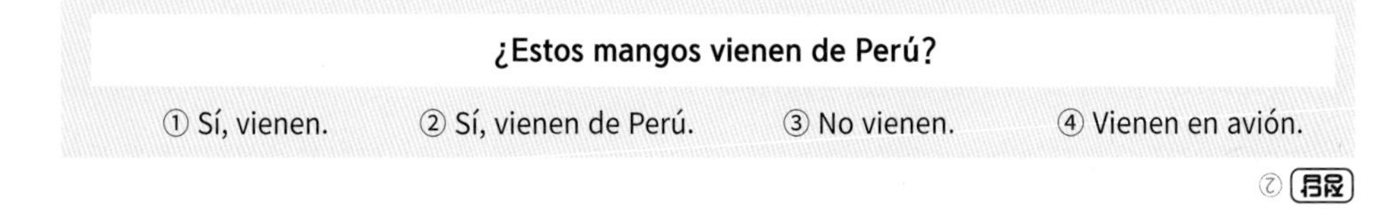

¿Estos mangos vienen de Perú?

① Sí, vienen. ② Sí, vienen de Perú. ③ No vienen. ④ Vienen en avión.

② 정답

열일하는 핵심동사 TENER 가지다 자세히 보기

개념체크 아래 문장에 사용된 동사의 원형을 맞춰보세요.

Yo tengo una pregunta. 질문이 하나 있어요.

tengar　　tenger　　tengir　　tener

정답 tener

❶ TENER "~을 가지다" 동사의 형태와 활용

TENER는 유형1, 2가 합쳐진 유형3 동사예요.

TENER 가지다	
tengo	
tien	es
tien	e
ten	emos
ten	éis
tien	en

Tengo una pregunta. 질문이 있어.
A: **¿Tienes** Instagram? 너 인스타그램 있니?
B: Sí, **tengo** Instagram. 응, 있어.
B: No, no **tengo** Instagram. 아니, 없어.

❷ TENER 동사의 관용표현 익히기

두 단어가 만나 사전적 의미가 아닌 새로운 의미로 사용되는 것을 관용표현이라고 해요. 예를 들어 TENER + calor는 직역하면 '더위를 가지고 있다'지만 '덥다'로 해석해요.

TENER				
+				
calor 더위	frío 추위	hambre 배고픔	sueño 졸림	00 años 해, 년
덥다	춥다	배가 고프다	졸리다	나이가 00살이다

Tengo calor. 나는 더워.
A: ¿**Tienes** frío? 너 춥니?
B: Sí, **tengo** frío 응, 추워.
B: No, no **tengo** frío. 아니, 안 추워.

처음 회화

No tengo ganas de comer. 입맛이 없어.

¿Qué pasa? 무슨 일이야?

No tengo ni idea. 잘 모르겠어.

Plus 어휘 (la) gana 의욕, 의지 | (la) idea 생각

Tip no tener ganas de ~는 '~할 욕구가 없다'는 뜻이에요.

Check up 질문의 답변으로 옳은 것은?

¿Tienes novio?

① Sí, tienes novio. ② Sí, tengo novio. ③ Sí, teno novio. ④ Sí, tieno novio.

② 정답

Lección 60

나는 헬스장에 가
유형 4 완전 불규칙

개념체크 아래 문장에 사용된 동사의 원형을 맞춰보세요.

Tú eres hermosa. 너는 아름다워.

ser　　erar　　erer　　erir

정답 ser

❶ 유형 4 불규칙 동사란?

유형 4 불규칙 동사는 규칙성이 없는 완전 불규칙 동사예요.

❷ 유형 4 주요 동사

SER ~이다	IR 가다	HABER 있다
soy	voy	he
eres	vas	has
es	va	ha (hay)
somos	vamos	hemos
sois	vais	habéis
son	van	han

Tip haber 동사의 3인칭 단수는 용법에 따라 ha 또는 hay로 사용해요.

❸ 유형 4 주요 동사 활용하기

Eres especial.	넌 특별해.
Mi familia **es** grande.	우리 가족은 대가족이야.
Voy al gimnasio todos los días.	나는 매일 헬스장에 가.
¿**Vas** a casa?	집에 가니?

Tip 전치사 뒤에 '집(casa)'이 오는 경우 관사를 보통 쓰지 않아요.

Hay una cafetería.	커피숍이 하나 있다.
No **hay** cafetería.	커피숍이 없다.

Tip haber가 '~이 있다'의 뜻으로 사용될 경우 hay 형태로만 쓰여요.

처음 회화

¿Vas al gimnasio todos los días? 헬스장에 매일 가?

Depende de la situación. 상황에 따라서.

Depende del trabajo. 일하는 거에 따라서.

Plus 어휘 todos los días 매일 | depende de ~에 따라 | (la) situación 상황

Check up 다음 주어에 맞는 동사 형태로 옳은 것은?

Vosotros			
son	vamos	somos	vais

정답 vais

다재다능 IR 가다 동사 자세히 보기

개념체크 아래 문장에 사용된 동사의 원형을 맞춰보세요.

¿Vais a casa? 너희는 집에 가니?

var	ver	vir	ir

정답 ir

❶ IR 동사 형태 복습

IR 동사는 제멋대로 변화하는 유형4 완전 불규칙 동사예요.

IR 가다	
voy	vamos
vas	vais
va	van

Voy a España hoy. 나는 오늘 스페인에 가.
Vamos al parque el fin de semana. 우리는 주말에 공원에 갑니다.

A: ¿Adónde **vas**? 너 어디 가?
B: **Voy** al baño. 화장실에 가.

Tip ir 뒤에 목적지가 올 경우 a와 함께 써요.

❷ IR 동사 활용하기 (1) "~하자"

'**vamos a 동사원형**'의 형태로 써요.

¡**Vamos a** comer! 식사합시다!

¡**Vamos a** estudiar!	공부합시다!
¡**Vamos a** ir a casa!	집에 갑시다!

❸ IR 동사 활용하기 (2) "~할 거야"

'**ir a 동사원형**'의 형태로 써요. 이 표현은 구체적인 계획이나 확신이 있는 경우에 사용해요.

Voy a ir a España.	나는 스페인에 갈 거야.
A: ¿Qué **vas a** hacer mañana?	내일 뭐 할 거야?
B: **Voy a** dormir todo el día.	하루 종일 잘 거야.

A: ¿Qué **vais a** hacer esta noche?	너희들 오늘 밤에 뭐할 거야?
B: **Vamos a** hacer una fiesta.	우리는 파티를 할 거야.

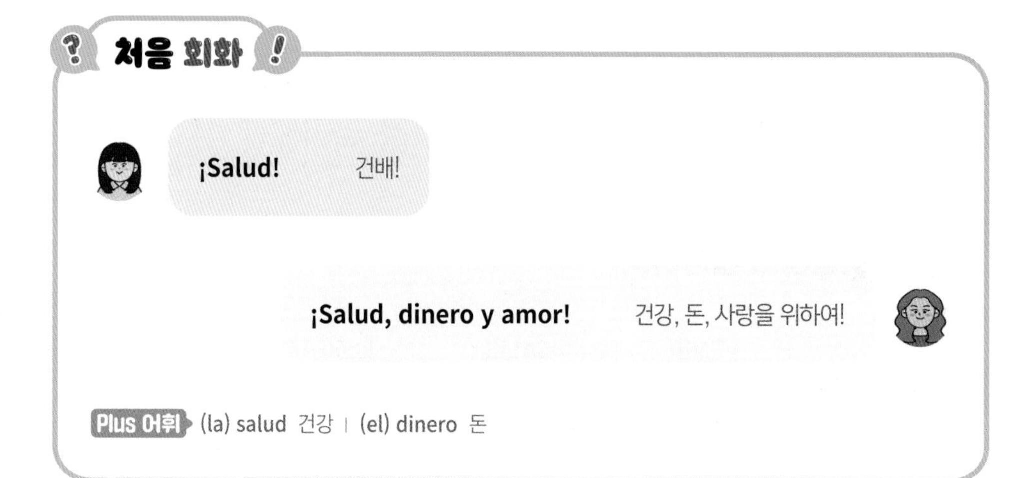

Check up 빈칸에 들어갈 동사를 옳게 짝지은 것은?

__________ a ir al mercado.
¿Quieres __________ conmigo?

vamos - vas　　Yo - ir　　voy - ir　　Nosotros - vas

Plus 어휘 (el) mercado 시장 | conmigo 나와 함께

정답 voy – ir

Lección 62

이동동사로 불규칙 동사 총정리!

개념체크 아래 문장에 사용된 동사의 원형을 맞춰보세요.

Salgo de casa. 나는 집에서 나간다.

salir **saler** **salgar** **salgir**

정답 salir

❶ 이동동사의 종류와 특징

이동동사는 주로 목적지, 출발지 정보와 함께 쓰는 동사예요. 규칙동사, 불규칙 동사가 모두 고루 섞여 있어요.

IR	VENIR	SALIR	VOLVER	LLEGAR	+	a 목적지 / de 출발지
가다	오다	나가다	돌아가다	도착하다		

❷ 주요 이동동사 활용하기

IR ~로 가다	VENIR 오다	SALIR 나가다	LLEGAR 도착하다	VOLVER 돌아오다
voy	vengo	salgo	llego	vuelvo
vas	vienes	sales	llegas	vuelves
va	viene	sale	llega	vuelve
vamos	venimos	salimos	llegamos	volvemos
vais	venís	salís	llegáis	volvéis
van	vienen	salen	llegan	vuelven

Voy a la plaza.	나는 광장에 간다.
Vengo del trabajo.	나는 회사에서 오는 길이야.
Vengo a hablar contigo.	너와 이야기하러 왔어.

Tip 'a 장소'로 목적지, 'a 동사원형'으로 이동의 목적을 표현해요.

Salgo de casa temprano.	나는 집에서 일찍 나가.
Salgo a trabajar temprano.	나는 일하러 일찍 나가.
Llego a tiempo.	나는 정시에 도착해.
¿Cuándo vuelves a Corea?	한국에 언제 돌아가?

Tip volver는 돌아오다, 돌아가다 두 가지 뜻이에요.

? 처음 회화 !

¿Qué vas a hacer esta noche? 오늘 밤에 뭐할 거야?

Voy a salir con Daniel. 다니엘과 데이트할 거야.

¿Con Dani? ¿En serio? 다니랑? 진짜야?

Plus 어휘 esta noche 오늘 밤 | salir con 사람 ~와 데이트 하다

Tip 스페인어권에서는 이름 줄여 부르는 애칭을 많이 사용해요. 예) Daniel → Dani, Javier → Javi

Check up 다음 중 전치사가 잘못 사용된 것은?

① Vengo a comer.	식사하러 왔어요.
② Ya puede volver a casa.	이제 귀가하셔도 됩니다.
③ Voy a ir a la escuela.	나는 학교에 갈 예정이다.
④ Sale a la oficina.	사무실에서 나오다.

정답 ④

Unidad 11

종합 연습문제

A 다음 문제를 풀어 보세요.

1 주어와 dormir 동사 변형이 잘못 연결된 것은?

① Yo – duermo

② Tú – duermes

③ Juan y Ana – dormen

④ Juan y tú – dormís

2 동사가 잘못 사용된 문장은?

① Tú veas películas en el cine.

② Ana y tú veis una película.

③ Hacemos yoga a veces.

④ Hago ejercicio a diario.

3 아래 문장을 스페인어로 옳게 쓴 것은?

공항까지 어떻게 가나요?

① ¿Cómo pudo llegar al aeropuerto?

② ¿Cómo puedo llegar al aeropuerto?

③ ¿Como puedo llegar al aeropuerto?

④ ¿Cómo podo llegar al aeropuerto?

4 동사원형과 1인칭 단수 변형이 잘못 연결된 것은?

① oír – oyo

② decir – digo

③ ver – veo

④ saber – sé

5 빈칸에 들어갈 단어가 나머지와 다른 것은?

① Vengo ________ Corea.

② Prefiero el café ________ la cerveza.

③ Voy ________ pedir una pizza a domicilio.

④ Salgo ________ trabajar.

6 아래 질문의 대답으로 어울리지 않는 것은?

¿Tienes hambre?

① Sí, vamos a pedir una pizza.

② Sí, tengo mucho calor.

③ Sí, quiero comer pizza.

④ No, no tengo hambre.

B 제시된 문장에 맞게 빈칸을 채워 보세요.

1 우리는 외식할 생각이야.

→ ________ comer fuera.

2 나는 맥주보다 와인이 더 좋아.

→ ________ el vino ________ la cerveza.

3 너는 졸리니?

→ ¿Tienes ________ ?

4 너희는 자주 음식을 배달시키니?

→ ¿ ________ comida a domicilio a menudo?

5 내 말 들리니?

→ ¿Me ________ ?

6 우리 해변으로 가자!

→ ¡ ________ a ir a la playa!

처음 Talk talk!

MP3를 들으며 스페인어 기초 회화 표현을 말해 보세요.

¿Qué dices?
뭐라고?

Tengo una pregunta.
질문이 있어.

¡Ánimo!
기운 내!

¿Qué quiere?
무엇을 원하세요?

¿Qué quieres comer?
뭐 먹고 싶어?

No tengo ni idea.
모르겠어.

Unidad

기초 튼튼 개념 정리,
의문사

의문사의 종류와 특징 완벽 정리!

개념체크 다음 빈칸에 공통으로 들어갈 의문사는 무엇일까요?

¿ ________ estás?
어떻게 지내?

¿ ________ te llamas?
네 이름이 뭐야?

Cómo

❶ 의문사의 종류와 특징

cuándo	언제	cómo	어떻게
dónde	어디에	qué	무엇, 무슨
por qué	왜	cuánto, cuántos/as	얼마나, 얼마나 많은
quién, quiénes	누구	cuál, cuáles	어떤, 어떤 것

quién, cuál, cuánto는 복수형으로도 사용해요.

모든 의문사 뒤에는 동사가 올 수 있어요.

¿**Cómo** está Clara? 끌라라는 어떻게 지내?
¿**Dónde** está Clara? 끌라라는 어디 있어?
¿**Quién** es Clara? 끌라라가 누구니?
¿**Cuándo** viene Clara? 끌라라는 언제 와?
¿**Por qué** no viene Clara? 끌라라는 왜 안 와?

qué, cuál, cuánto 뒤에는 동사뿐만 아니라 명사도 올 수 있어요.

¿**Qué** comes? 너 뭐 먹니?
¿**Qué** comida comes? 무슨 음식을 먹니?
¿**Cuál** es tu comida favorita? 니가 좋아하는 음식이 어떤 거니?

¿**Cuál** comida quieres?	어떤 음식을 원하니?
¿**Cuánto** comes?	얼마나 먹니?
¿**Cuántas** hamburguesas comes?	얼마나 많은 햄버거를 먹니?

❷ 의문문의 종류와 특징

의문문은 크게 두 종류로 나뉘어요.

의문사가 없는 의문문	의문사가 있는 의문문
¿Eres Clara?	¿**Quién** es Clara?
• 말꼬리를 올려서 질문해요. • **Sí** 또는 **No**로 답해요. • 주어(명사) 또는 동사로 문장을 시작해요.	• 말꼬리를 올리지 않아도 돼요. • 원하는 정보로 대답해요. • 의문사 또는 전치사로 문장을 시작해요.

? 처음 회화 !

Los españoles hablan muy rápido. 스페인 사람들은 말을 너무 빨리해.

Tienes razón. 네 말이 맞아.

Es verdad. 맞아.

Plus 어휘 rápido 빠르게 | (la) razón 이유, 이성 | (la) verdad 진실, 진심 |

Tip tener + razón는 '~말이 맞다'라고 관용적으로 해석해요.

Check up 다음 중 의문사와 뜻이 잘못 연결된 것은?

por qué	quién	cómo	dónde
왜	언제	어떻게	어디에

정답 quién 언제

무엇을, 얼마나? Qué, Cuánto

개념체크 다음 빈칸에 들어갈 의문사는 무엇일까요?

¿________ es esto?
이게 뭐예요?

정답 Qué

❶ qué와 cuánto의 특징

의미에 따라 뒤에 동사가 오거나 명사가 와요.

qué	무엇, 무슨	+	동사, 명사
cuánto	얼마나		
cuántos/as	얼마나 많은		

❷ 의문사 qué 활용하기

qué 뒤에 동사가 오면 "무엇이~ 입니까?" 또는 "무엇을~ 합니까?"로 해석해요.

¿**Qué** es esto? 이것이 무엇입니까?
¿**Qué** estudias? 무엇을 공부해?
¿**Qué** quieres comer? 무엇을 먹고 싶어?

qué 뒤에 명사가 오면 "무슨 ~" 또는 "어떤 ~"으로 해석해요.

¿**Qué** música escuchas? 어떤 음악을 들어?
¿**Qué** idiomas hablas? 어떤 언어들을 말해?

Plus 어휘 escuchar 듣다 | (la) música 음악 | (el) idioma 언어

❸ 의문사 cuánto 활용하기

cuánto 뒤에 동사가 오면 "얼마나 ~ 합니까?"로 해석해요.

¿**Cuánto** duermes al día?	하루에 얼마나 자?
¿**Cuánto** pagas al mes?	한 달에 얼마나 내?

Plus 어휘 pagar 지불하다 | al día 하루에 | al mes 한달에

cuánto 뒤에 명사가 오면 "얼마나 많은 ~"으로 해석해요. 수식하는 명사에 성·수일치 해요.

¿**Cuántos** días trabajas a la semana?	일주일에 며칠 일해?
¿**Cuántas** horas trabajas al día?	하루에 몇 시간 일해?

Plus 어휘 trabajar 일하다 | a la semana 일주일에 | (la) hora 시간

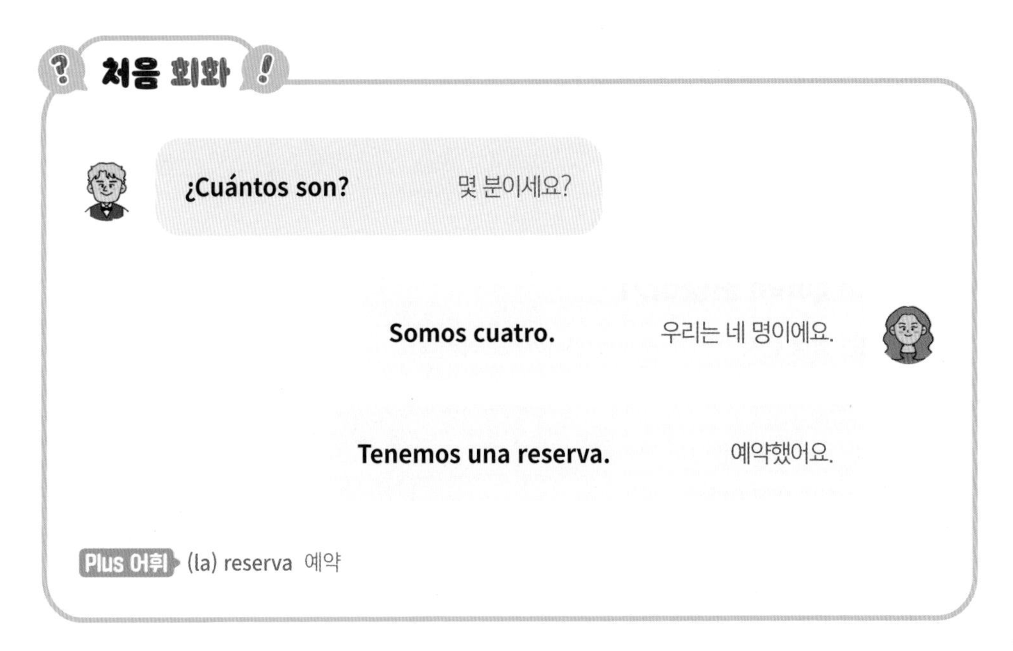

Check up 다음 중 의문사가 바르게 사용된 것은?

① ¿Cuánto horas duermes?
② ¿Qué escuchas?
③ ¿Qué horas estudias?
④ ¿Cuántas días trabajas?

② 정답

누가, 어떤 것을? Quién, Cuál

개념체크 다음 빈칸에 들어갈 의문사는 무엇일까요?

¿________ es tu nombre?

네 이름이 뭐야?

정답 Cuál

❶ quién와 cuál의 특징

quién 뒤에는 동사가 오고, cuál 뒤에는 동사와 명사가 와요. 둘 다 단·복수를 구분해요.

cuál, cuáles	어떤, 어떤 것	+	동사, 명사
quién, quiénes	누가	+	동사

❷ 의문사 quién 활용하기

quién 뒤에는 항상 동사가 와요. "누가 ~입니까?"로 해석해요.

¿**Quién** sabe? 누가 알아?
¿**Quién** tiene un bolígrafo? 볼펜 있는 사람?
¿**Quiénes** son ustedes? 당신들은 누구세요?

❸ 의문사 cuál 활용하기

cuál 뒤에 동사가 오면 "어떤 것이 ~입니까?"로 해석해요.

¿**Cuál** es tu canción favorita? 너가 좋아하는 노래가 어떤 거니?
¿**Cuáles** son tus canciones favoritas? 너가 좋아하는 노래가 어떤 것들이니?

선택적 의미를 가질 때 **cuál 뒤에 명사**가 와요. "어떤 ~"으로 해석해요.

¿**Cuál** color quiere? ¿Negro o blanco?	어떤 색을 원하니? 검은색? 흰색?

Tip 중남미 일부 지역에서만 "**cuál+명사**"를 쓰고, 같은 경우 보통은 "**qué+명사**" 형태로 써요.

❹ 헷갈리는 어떤 것 cuál vs 무엇 qué 비교하기

¿**Cuál** es tu nombre?	네 이름이 무엇이니?
¿**Qué** es "tu nombre"?	"tu nombre" 그게 뭐야? (**tu nombre**의 정의를 묻는 경우)

¿**Cuál** canción prefieres?	어떤 노래를 선호하니? (여러 선택지 중에서)
¿**Qué** canción prefieres?	어떤 노래를 선호하니?

? 처음 회화 !

¿Cuál es tu comida favorita? 너가 좋아하는 음식은 뭐야?

Es el perrito caliente. 핫도그야.

¿Qué es "perrito caliente"? "뜨거운 강아지" 그게 뭐야?

Tip **perrito**는 **perro**(개)에 접미사 **-ito**를 붙인 형태예요.

Check up 다음 중 의문사가 잘못 사용된 것은?

① ¿Quién viene a la fiesta?	② ¿Qué color quieres?
③ ¿Cuál es tu bolígrafo?	④ ¿Quién son tus amigos?

④ 정답

Lección 66

언제, 어디서, 어떻게, 왜?
Cuándo, Dónde, Cómo, Por qué

개념체크 다음 빈칸에 들어갈 의문사는 무엇일까요?

¿De ________ eres?

너 어디 출신이니?

정답 dónde

❶ cuándo, dónde, cómo, por qué의 특징

성·수변화를 하지 않아요. 뒤에는 동사가 와요.

cuándo	언제	+	동사
dónde	어디에		
cómo	어떻게		
por qué	왜		

❷ 의문사 cuándo, dónde, cómo 활용하기

cuándo, dónde, cómo 뒤에는 항상 동사가 와요. "언제, 어디서, 어떻게 ~입니까?"로 해석해요.

¿**Cuándo** cenas normalmente? 보통 저녁을 언제 먹어?
¿**Dónde** cenas normalmente? 보통 저녁을 어디서 먹어?
¿**Cómo** cenas normalmente? 보통 저녁을 어떻게 먹어?

Plus 어휘 cenar 저녁 식사하다

❸ 의문사 por qué 활용하기

por qué 뒤에는 항상 동사가 와요. "왜 ~입니까?"로 해석해요.

¿**Por qué** siempre tengo hambre?	왜 난 항상 배가 고플까?
¿**Por qué** no comes más?	왜 더 안 먹어?
¿**Por qué** quieres ir a México?	왜 멕시코에 가고 싶어?

por qué no~ 는 상황에 따라 "~하지 않을래?"로 해석돼요.

¿**Por qué no** llamamos un taxi?	택시를 부르는 게 어때?
¿**Por qué no** sales conmigo?	나랑 데이트하지 않을래?

Plus 어휘 llamar 부르다 | salir con 사람 ~와 데이트하다, 나가다

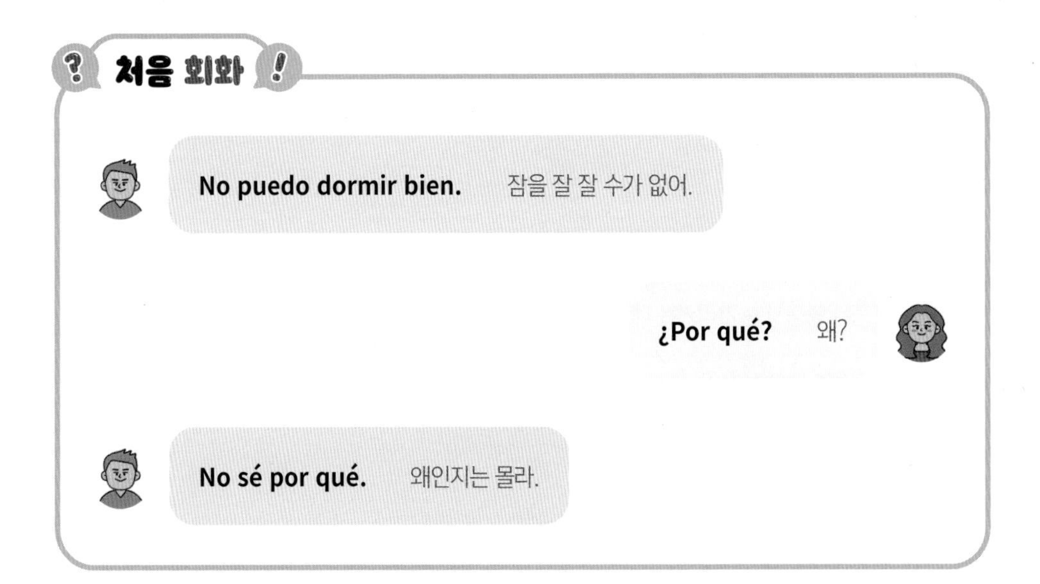

Check up 빈칸에 들어갈 표현으로 옳은 것은?

¿__________ **estudias español?**

스페인어 공부하지 않을래?

No por qué　　Por qué no　　No por que　　Por que no

정답 Por qué no

Lección 67

아 더워! Qué와 Cómo로 감탄문 만들기

개념체크 다음 예문은 어떤 종류의 문장일까요?

¡Qué frío! 아 추워!

의문문 명령문 감탄문 평서문 가정문

정답 감탄문

① 모습과 상황에 감탄하기 (feat. qué)

동사를 제외한 모든 품사의 외형이나 성질, 상황에 감탄해요.

Qué	+	형용사 명사 부사	+	(동사) + (주어)

감탄문에 사용된 형용사는 가리키는 대상에 성·수일치 해요.

¡Qué **amable** (eres) (tú)! (넌) 정말 친절해!
형용사

¡Qué **caro** (es) (el coche)! (차가) 너무 비싸!
형용사

¡Qué **frío** (tengo) (yo)! (난) 너무 추워!
명사

¡Qué **mal** (juega) (Real Madrid)! (레알 마드리드) 경기가 엉망이네!
부사

❷ 행동(동작)에 감탄하기 (feat. cómo)

"어찌나 잘~, 많이 ~하다"라고 해석해요.

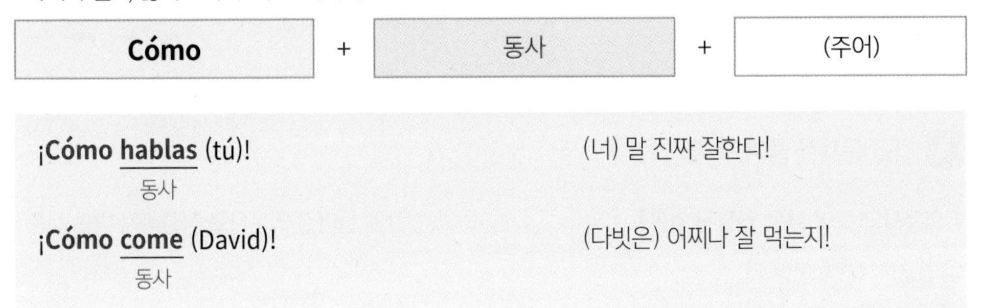

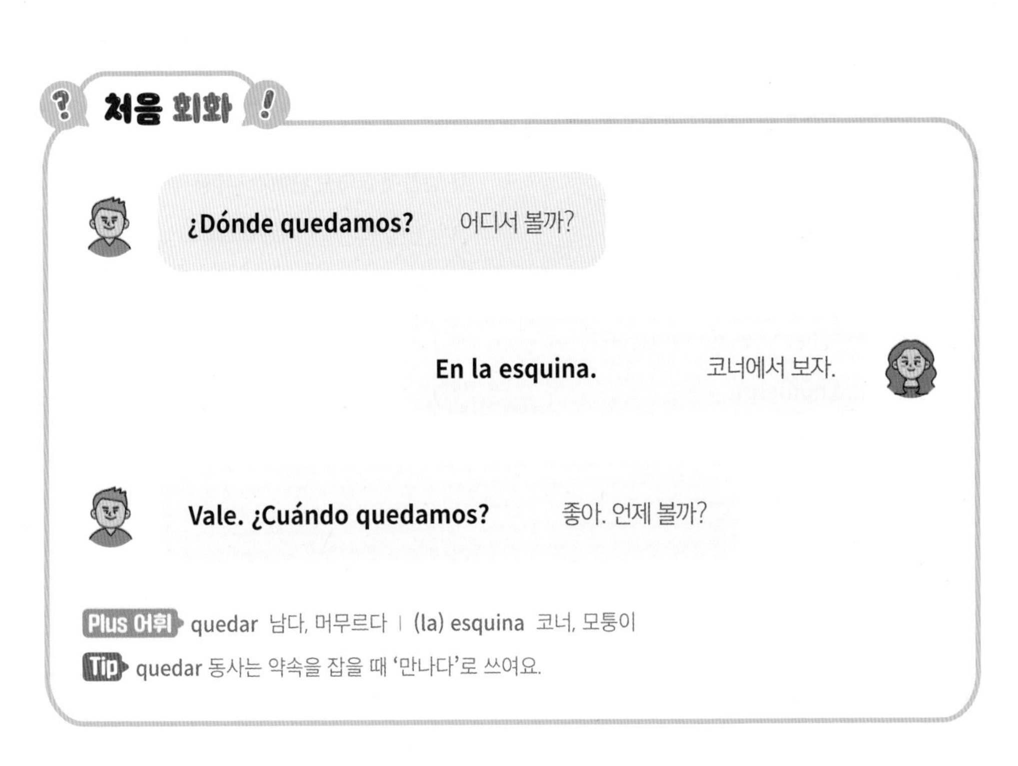

Check up 빈칸에 들어갈 의문사는?

¡_______ cocina tu madre!

너희 엄마는 어찌나 요리를 잘 하시는지!

정답 Cómo

Unidad 12

종합 연습문제

A 다음 문제를 풀어 보세요.

1 의문사와 뜻이 잘못 연결된 것은?

① cuál – 어떤, 어떤 것

② dónde – 언제

③ por qué – 왜

④ cuánto – 얼마나

2 의문사가 잘못 사용된 문장은?

① ¿Cuántas horas trabajas al día?

② ¿Cuándo es la clase?

③ ¿Qué haces los fines de semana?

④ ¿Qué es tu número?

3 아래 문장을 스페인어로 옳게 쓴 것은?

네가 좋아하는 노래가 어떤 것들이니?

① ¿Cuáles son tus canciones favoritos?

② ¿Cuál son tu canción favorita?

③ ¿Cuál son tus canciones favoritas?

④ ¿Cuáles son tus canciones favoritas?

4 빈칸에 들어갈 의문사로 적절하지 않은 것은?

¿_____ trabajas?

① Cómo

② Dónde

③ Cuál

④ Por qué

5 빈칸에 들어갈 단어가 나머지와 다른 하나는?

① ¡__________ mal cocinas tú!

② ¡__________ rico está el bocadillo!

③ ¡__________ hablas!

④ ¡__________ calor!

6 다음 답변의 질문으로 가장 적절한 것은?

Como una ensalada.

① ¿Cuándo comes normalmente?

② ¿Qué comes para el desayuno?

③ ¿Dónde comes normalmente?

④ ¿Por qué no comes más?

B 제시된 문장에 맞게 빈칸을 채워 보세요.

1 네 말이 맞아.

→ Tienes ________ .

2 택시를 부르는 게 어때?

→ ¿ ________ ________ no llamamos un taxi?

3 너는 어떤 언어들을 말해?

→ ¿ ________ idiomas hablas?

4 배고픈 사람?

→ ¿ ________ tiene hambre?

5 우리 어디서 언제 볼까?

→ ¿ ________ y ________ quedamos?

6 컴퓨터가 너무 비싸!

→ ¡ ________ caro es el ordenador!

처음 Talk talk!

MP3를 들으며 스페인어 기초 회화 표현을 말해 보세요.

Tienes razón.
네 말이 맞아.

¿Cuántos son?
몇 분이세요?

Tenemos una reserva.
예약했어요.

¿Por qué?
왜?

No sé por qué.
왜인지는 몰라.

¿Dónde quedamos?
어디서 볼까?

Unidad

처음 회화 Part 2
의문사 활용해 질문하기

Lección 68

꼭 필요한 처음 회화 1탄, 신상 공개! 이름과 나이 말하기

개념체크 다음 문장에서 이름과 성씨를 구분해 보세요.

Soy Penélope Cruz.

정답 이름 Penélope, 성씨 Cruz

❶ 이름 묻고 답하기

다양한 방식으로 이름을 물을 수 있어요.

¿Cómo te llamas?	네 이름이 뭐야?
¿Cómo se llama?	당신 이름이 뭐예요?
¿Cuál es tu nombre?	네 이름이 뭐야?
¿Cuál es su nombre?	당신 이름이 뭐예요?
¿Cuál es su apellido?	당신 성씨가 뭐예요?

다양한 방식으로 이름을 말할 수 있어요.

Me llamo Clara.	나는 끌라라야.
Soy Clara.	나는 끌라라야.
Mi nombre es Clara.	나는 끌라라야.

이름과 성을 같이 말할 때는 **이름 → 성씨 순**으로 말해요.

나는 하비에르 앙헬 엔씨나스 바르뎀이야.				
Soy ~이다	**Javier** 이름	**Ángel** 중간(두 번째) 이름	**Encinas** 아빠 성	**Bardem.** 엄마 성

Tip 보통은 아빠 성만 말하고 전체 이름을 표기할 때는 엄마 성까지 써요.

❷ 나이 묻고 답하기

TENER 동사를 활용해 나이를 묻고 답해요. '얼마나 많은 나이(años)를 가졌니?'라는 방식으로 질문해요.

A: ¿Cuántos años tienes?	너는 몇 살이니?
B: Tengo 10años.	나는 10살이야.
A: ¿Cuántos años tiene tu padre?	너의 아버님은 몇 살이시니?
B: Mi padre tiene 70años.	우리 아빠는 70살이야.

? 처음 회화 !

¿Cuál es tu nombre completo? 네 풀네임이 뭐야?

Mi nombre completo es Javier Sánchez García.
No tengo segundo nombre.

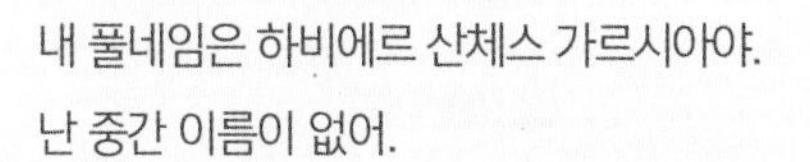

내 풀네임은 하비에르 산체스 가르시아야.
난 중간 이름이 없어.

Plus 어휘 completo/a 전체의, 완전한 | segundo nombre 중간 이름

Tip 모두가 중간 이름을 갖는 것은 아니예요. 중간 이름은 직역하면 '두 번째 이름'이에요.

Check up 이름을 묻는 표현으로 옳지 않은 것은?

① ¿Cuál es tu nombre? ② ¿Cuál es tu nombre completo?
③ ¿Cómo te llamas? ④ ¿Cómo se llamas?

④ 정답

Lección 69

꼭 필요한 처음 회화 2탄, 날씨 표현! 오늘 날씨 어때?

개념체크 다음 중 '하다, 만들다'의 뜻을 가진 동사를 찾아보세요.

HACER　SER　CONOCER　NACER

정답 HACER

❶ 날씨 묻기

날씨를 물을 때는 HACER동사를 활용해요. 마치 '어떤 날씨 만들어?'라는 방식으로 질문해요.

¿Qué tiempo **hace**?	날씨가 어때?
¿Qué tiempo **hace** hoy?	오늘 날씨가 어때?
¿Qué tiempo **hace** en Corea?	한국은 날씨가 어때?

❷ 다양한 날씨 표현하기

'HACER+명사' 형태로 대답해요. 마치 '더위를 만들어'라고 하듯이요.

HACE	+	**calor** 더위	날씨가 덥다
		frío 추위	날씨가 춥다
		sol 해	화창하다
		viento 바람	바람이 분다
		fresco 쌀쌀함	쌀쌀하다
		buen tiempo 좋은 날씨	날씨가 좋다
		mal tiempo 나쁜 날씨	날씨가 나쁘다

날씨와 관련된 뜻을 가진 동사를 사용하기도 해요.

Llueve 비가 오다	**Nieva** 눈이 오다

Plus 어휘 llover(o→ue) 비가 오다 | nevar(e→ie) 눈이 오다

No **hace viento.**	바람이 불지 않는다.
Hace mucho **calor** en verano.	여름에는 날씨가 많이 덥다.
Siempre **hace buen tiempo** en Málaga.	말라가는 항상 날씨가 좋다.

Tip ‘날씨가 많이 ~하다’를 말할 땐 형용사 ‘mucho/a’를 써요.

? 처음 회화 !

¿Hace frío? 날씨가 춥니?

No tanto. 그렇게 춥지는 않아.

Más o menos. 음 보통이야.

Plus 어휘 tanto 그렇게나 많이

Tip Más o menos는 정도를 말하는 여러 상황에서 사용해요. 손동작으로 표현하기도 해요.

Check up 적절한 단어를 넣어 문장을 완성하세요.

¿_________ tiempo hace hoy?	오늘 날씨가 어때?
Nunca _________ en verano.	여름에는 절대 눈이 오지 않아.
Hace _________ sol.	해가 쨍쨍해.

정답 Qué / nieva / mucho

Lección 70

꼭 필요한 처음 회화 3탄, 날짜&요일 표현! 오늘 며칠이야?

개념체크 다음 질문에 대답해 보세요.

스페인어로 **'agosto'**는 몇 월일까요?

정답 8월

❶ 날짜 묻고 답하기

(el) mes 월					
enero 1월	febrero 2월	marzo 3월	abril 4월	mayo 5월	junio 6월
julio 7월	agosto 8월	septiembre 9월	octubre 10월	noviembre 11월	diciembre 12월

¿Qué fecha es hoy? 오늘 며칠이지?

날짜를 대답할 때는 일 → 월 → 년 순으로 써요.

Hoy es veinte de septiembre de 2024(dos mil veinticuatro).
오늘은 2024년 9월 20일이야.
Hoy es primero/uno de septiembre.
오늘은 9월 1일이야.

Tip 1일은 서수 또는 기수로 써요.

❷ 요일 묻고 답하기

¿Qué día es hoy? 오늘이 무슨 요일이지?

lunes	martes	miércoles	jueves	viernes	sábado	domingo
월요일	화요일	수요일	목요일	금요일	토요일	일요일

Hoy es lunes. 오늘은 월요일이야.
Mañana es martes. 내일은 화요일이야.

"~요일에 ~하다" 일정을 말할 때는 요일 앞에 'el'을 써요. 반복적인 일일때는 복수로 써요.

Trabajo el sábado. 나는 토요일에 일해.
Ella viene los viernes. 그녀가 금요일마다 온다.

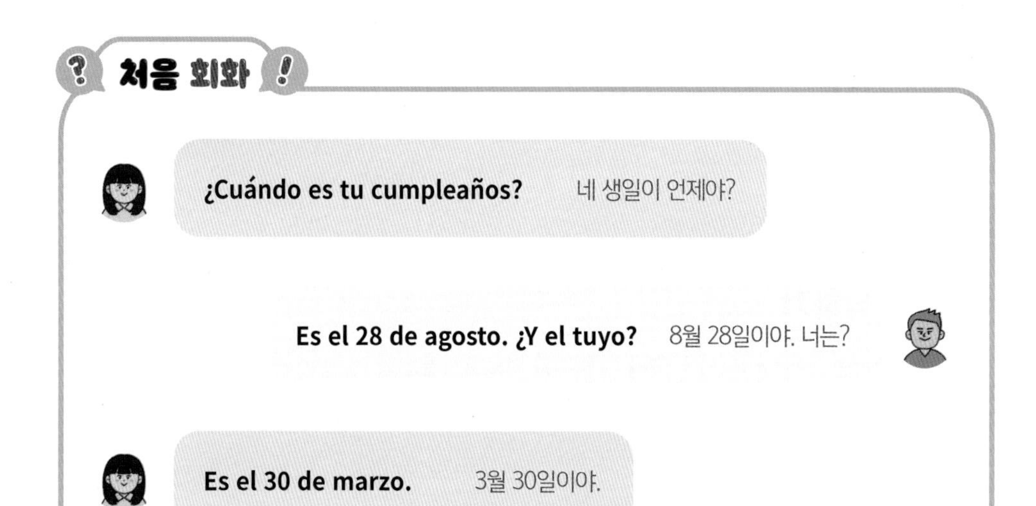

Plus 어휘 (el) cumpleaños 생일

Tip 특정일, 행사를 말할 때는 날짜 앞에 'el'을 써요.

Check up 아래 날짜를 스페인어로 옳게 쓴 것은?

2000년 5월 3일

① Tres de mayo de dos mil ② Mayo de tres de dos mil
③ Dos mil de tres de mayo ④ Dos mil de mayo de tres

① 정답

Lección 71

꼭 필요한 처음 회화 4탄, 시간 표현! 지금 몇 시야?

개념체크 다음 숫자들을 스페인어로 읽어 보세요.

1	5	10	12

정답 uno, cinco, diez, doce

❶ 시간 묻기

¿Qué hora es?	지금 몇 시야?

❷ 시간 답하기

시간을 말할 때는 '**SER + la(s) + 숫자**'의 형태를 써요. 1시를 말할 때 'uno'는 여성형 'una'로 써요.

Es la una.	1시입니다.
Son las dos.	2시입니다.

Tip 1시만 **Es la una.** 나머지 시간은 모두 '**Son las 숫자**'예요.

시와 분은 'y'로 연결해요.

Son las cuatro y cinco.	4시 5분입니다.
Son las cinco y diez.	5시 10분입니다.

15분과 30분은 숫자 대신 '4분의 1', '반'과 같은 표현을 써요.

Son las siete y cuarto.	7시 15분입니다.
Son las ocho y media.	8시 30분입니다.

Plus 어휘 (el) cuarto 4분의 1 | (la) media 반

'~시 ~분 전' 으로도 표현할 수 있어요.

Son las nueve menos cinco.	9시 5분 전입니다.
Son las diez menos diez.	10시 10분 전입니다.

Plus 어휘 menos 덜, - (빼기)

오전, 오후, 밤을 구분하는 표현이 있어요.

Son las siete de la mañana.	오전 7시입니다.
Son las siete de la tarde.	오후 7시입니다.
Son las once de la noche.	밤 11시입니다.

처음 회화

¿Dónde está mi media naranja? 내 반쪽은 어디에 있을까?

Soy yo. 바로 나야.

Aquí estoy. 내가 여기 있잖아.

Plus 어휘 (la) media naranja 반쪽 | aquí 여기

Tip ① 주어 동사 순서를 바꿔 의미를 강조해요. ② **media naranja**는 직역하면 '오렌지 반쪽'이에요.

Check up 아래 시간을 스페인어로 옳게 쓴 것은?

① Es la una menos dos.
② Son la una menos dos.
③ Son las doce menos dos.
④ Es la una menos cincuenta y ocho.

① 정답

Lección 72

꼭 필요한 처음 회화 5탄, 가격 묻기! 얼마예요?

개념체크 빈칸에 들어갈 단어는 무엇일까요?

¿__________ **cuesta?**
얼마예요?

정답 Cuánto

❶ 가격 묻기

SER, VALER, COSTAR 등 여러 동사를 활용해 가격을 물을 수 있어요. 주로 3인칭을 사용해요.

VALER 가치가 있다		**COSTAR** 비용이 들다	
valgo	valemos	cuesto	costamos
vales	valéis	cuestas	costáis
vale	valen	cuesta	cuestan

¿Cuánto **es**?	얼마예요?
¿Cuánto **vale**?	얼마예요?
¿Cuánto **cuesta**?	얼마예요?

 ¿Cuánto es?는 총액을 물을 때 사용해요.

SER는 총액을, 나머지는 구체적 대상의 가격을 물을 때 써요.

¿Cuánto **vale** esto?	이거 얼마예요?
¿Cuánto **vale** la entrada?	입장권이 얼마예요?
¿Cuánto **valen** las entradas?	입장권(들)이 얼마예요?

Tip ¿Cuánto vale?와 ¿Cuánto cuesta?는 쓰임이 같아요.

❷ 가격 말하기

SER 동사는 보어(금액)에 맞춰 단·복수 변화해요.

Es un euro.	1유로입니다.
Son dos euros.	2유로입니다.

VALER와 COSTAR는 주어(물건 개수)에 맞춰 단·복수 변화해요.

La entrada **cuesta** 10 euros.	표는 10유로입니다.
Las palomitas **cuestan** 5 euros.	팝콘은 5유로입니다.

Tip cuesta → vale, cuestan → valen으로 바꿔 써도 똑같아요.

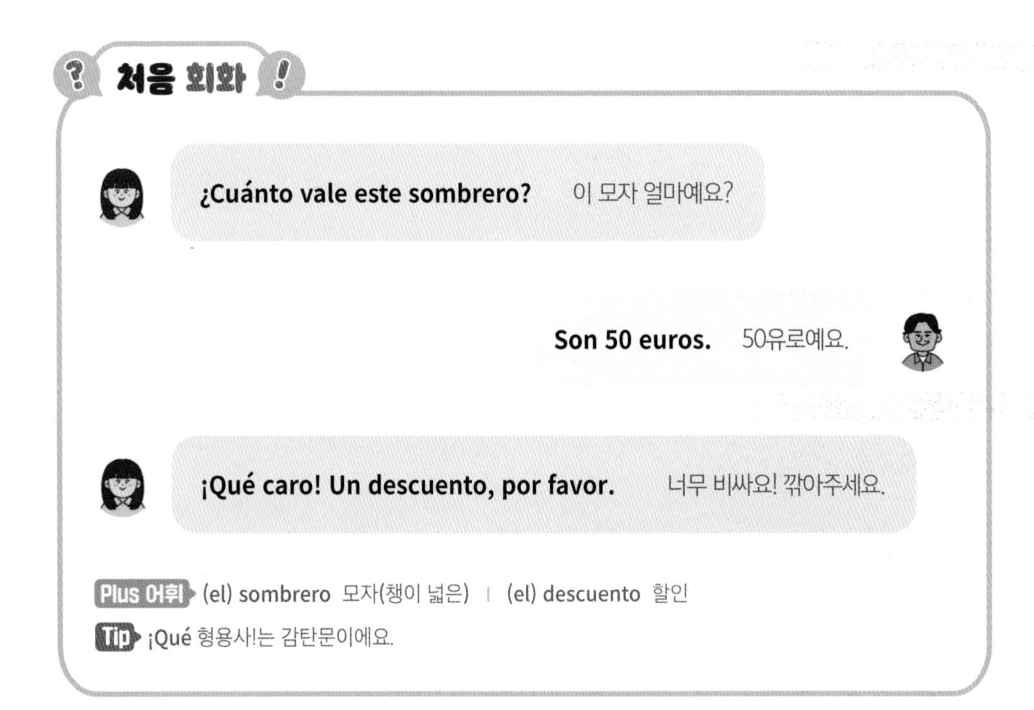

Check up 빈칸에 들어갈 단어로 옳은 것은?

Una empanada ____________ un euro.

valen son cuesta cuestan

정답 cuesta

Unidad 13

종합 연습문제

A 다음 문제를 풀어 보세요.

1 이름을 말하는 표현으로 옳지 않은 것은?

① Mi nombre es Olivia.

② Me llamo Olivia.

③ Te llamo Olivia.

④ Soy Olivia.

2 동사의 사용이 적절하지 않은 문장은?

① Son dos euros.

② Soy 23 años.

③ Son las once y media.

④ ¿Cuánto valen las entradas?

3 아래 문장을 스페인어로 옳게 쓴 것은?

내 생일은 3월 31일이야.

① Mi cumpleaños es el treinta y uno de marzo.

② Mi cumpleaños es treinta y uno de marzo.

③ Mi cumpleaños es marzo de treinta y uno.

④ Mi cumpleaños es el marzo de treinta uno.

4 시각을 잘못 표현한 것은?

① 00:58 – Es la una menos dos.

② 01:30 – Es la una y medio.

③ 09:15 – Son las nueve y cuarto.

④ 05:50 – Son las seis menos diez.

5 대화의 흐름이 어색한 것은?

① ¿Qué fecha es hoy? – Hoy es miércoles.

② ¿Qué hora es? – Son las tres y media.

③ ¿Hace calor? – No tanto.

④ ¿Cuánto cuesta la entrada? – Son 10 euros.

6 다음 질문의 대답으로 어울리지 않는 것은?

¿Qué tiempo hace hoy?

① Hace buen tiempo.

② Hoy llueve mucho.

③ Hace mucho viento.

④ Hago ejercicio.

B 제시된 문장에 맞게 빈칸을 채워 보세요.

1 너는 몇 살이니?

→ ¿ ______ años tienes?

2 여름에는 날씨가 매우 좋다.

→ En verano hace muy ______ tiempo.

3 오늘은 7월 1일이야.

→ Hoy es ______ de julio.

4 이번 토요일에 뭐해?

→ ¿Qué haces este ______ ?

5 벌써 밤 11시야.

→ Ya son las once ______ ______ ______ .

6 팝콘은 5유로입니다.

→ Las palomitas ______ 5 euros.

처음 Talk talk!

MP3를 들으며 스페인어 기초 회화 표현을 말해 보세요.

¿Cuántos años tienes?

너는 몇 살이니?

¿Qué día es hoy?

오늘 무슨 요일이야?

¿Qué tiempo hace hoy?

오늘 날씨가 어때?

Hace calor.

날씨가 더워.

¿Cuánto cuesta?

얼마예요?

¡Qué caro!

너무 비싸요!

Unidad

특이한 동사 HAY "~이 있다"

Lección 73

HAY 동사가 뭐예요? 개념과 형태까지 확실하게

개념체크 다음 빈칸에 들어갈 단어는 무엇일까요?

¿Dónde ____________ Corea?

한국은 어디에 있어?

정답 está

❶ HAY "~이 있다" 동사의 형태와 특징

HAY의 원형은 **HABER**이고 완전 불규칙 동사예요.

HABER 있다	
he	**hemos**
has	**habéis**
ha (hay)	**han**

HABER 동사는 크게 두 가지 용법으로 사용돼요.

용법 1	용법 2
존재 유무를 말하는 동사 '~이 있다'	현재완료시제를 도와주는 조동사

존재 유무를 말할 때는 오직 HAY 형태로만 사용해요.

Hay un libro. 책 한 권이 있다.
Hay unos libros. 몇몇 권의 책이 있다.
No **hay** libro. 책이 없다.

❷ 있다 vs 있다 HAY vs ESTAR 뜻 비교

HAY는 존재 유무를, ESTAR는 위치를 말하기 위해 써요.

HAY ~가 있다	ESTAR ~에 있다
Hay un libro sobre la mesa. 책상 위에 책이 한 권 있다.	El libro **está** sobre la mesa. 그 책은 탁자 위에 있다.
No **hay** libro sobre la mesa. 책상 위에 책이 없다.	El libro no **está** sobre la mesa. 그 책은 책상 위에 없다.

Plus 어휘 sobre ~위에 | (la) mesa 테이블

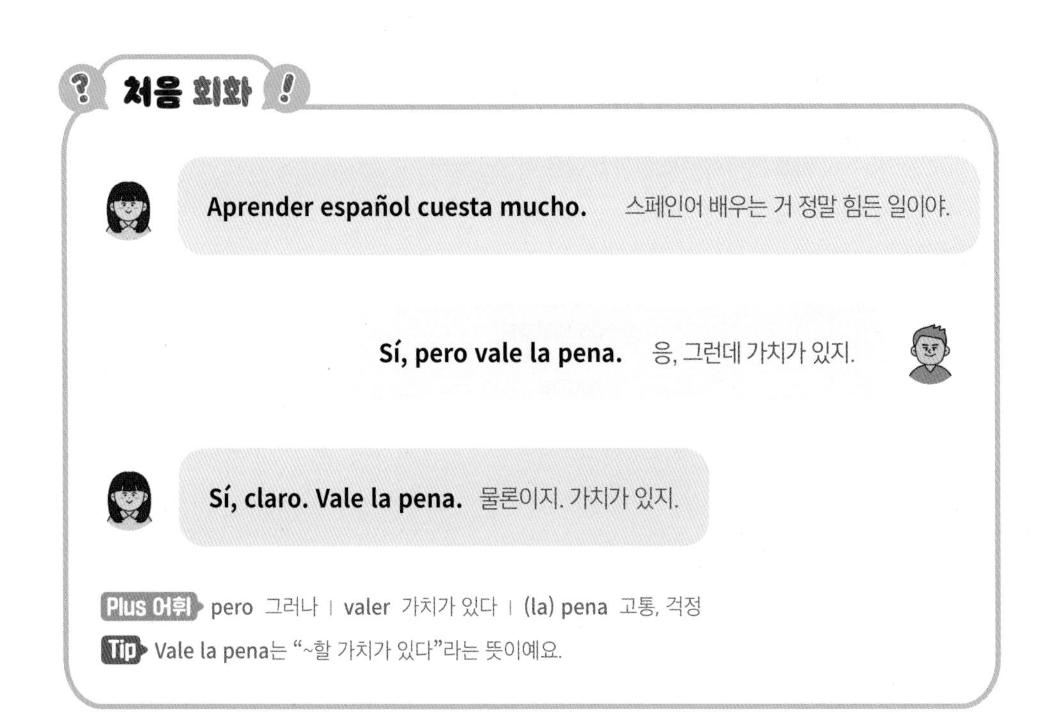

Check up 빈칸에 들어갈 동사로 옳은 것은?

________ coches.
차들이 있다.

Ha　　Hay　　Está　　Están

정답 Hay

길에 아무도 없어. HAY 동사 활용하기

개념체크 빈칸에 들어갈 단어를 순서대로 써 보세요.

[　　] 동사는 "~가 있다"라는 뜻으로 사용될 때
항상 3인칭 단수형인 [　　] 형태로만 써요.

haber, hay

❶ HAY 동사 활용하기

Hay 또는 No hay 뒤에 존재 유무를 말하고 싶은 대상만 넣어주면 끝이에요. 참고로, Hay 동사 뒤에 정관사, 소유사, 지시사 등은 올 수 없어요.

Hay ~가 있다	+	un gato.	한 마리 고양이가 있다.
		unos gatos.	몇 마리 고양이가 있다.
		gatos.	고양이들이 있다.
		5 gatos.	5마리 고양이가 있다.
		muchos gatos.	많은 고양이가 있다.
		pocos gatos.	소수의 고양이가 있다. (거의 없다)

Hay una persona en la calle. 길에 한 사람이 있다.
Hay gente en la calle. 길에 사람들이 있다.
No **hay** nadie en la calle. 길에 아무도 없다.
¿**Hay** mucho tráfico ahora? 지금 차 많이 막혀?
¿Cuántas personas **hay** en tu familia? 너희 가족은 몇 명이야?

Plus 어휘 (la) calle 길, 거리 | (la) gente 사람들 | nadie 아무도, 누구도 | | (el) tráfico 교통체증

❷ HAY 동사 문장의 특징

HAY 동사는 존재 유무를 말하기 위해 써요.

Hay un libro sobre la mesa.	책 한 권이 탁자 위에 있다.
Hay unos libros sobre la mesa.	책들이 탁자 위에 있다.

1. 의미상의 주어가 동사 뒤에 와요.
2. 의미상의 주어가 단수여도 복수여도 동사는 변하지 않아요.
3. 위치 정보는 문장의 앞이나 뒤, 또는 쓰지 않아도 돼요.

처음 회화

¿Hay mucha gente en la calle? 길에 사람 많아?

Sí, más de 10 personas. 응, 10명 이상 있어.

No, menos de 10 personas. 아니, 10명 이하 있어.

Plus 어휘 más de ~ ~이상 | menos de ~ ~이하

Tip la gente는 의미적으로 복수지만 항상 단수명사로만 써요.

Check up 빈칸에 들어갈 단어로 가장 적절한 것은?

Hay ________ coches.

un　　los　　cuatro　　mucho

정답 cuatro

헷갈리는 HAY와 ESTAR 확실히 구분하기!

개념체크 빈칸에 들어갈 알맞은 동사를 골라보세요.

¿Qué ______ en Corea? 한국에는 뭐가 있어?

está | hay

정답 hay

① HAY vs ESTAR의 문법적 차이 비교하기

HAY "~가 있다" (존재 유무)	ESTAR "~에 있다" (위치)
Hay un libro sobre la mesa.	El libro está sobre la mesa.
• 모르는 책 • 책 = 목적어 (의미상 주어) 의미상 주어이지만 문법상 목적어이기에 책이 한 권일 때도 여러 권일 때도 hay는 변화하지 않아요. • 위치 정보 생략 가능	• 아는 책 • 책 = 주어 주어에 따라 동사가 변화해요. • 위치 정보 필수

❷ 의미적 차이 문장으로 비교하기

말하는 목적(존재 유무 또는 위치)에 따라 동사를 선택해요.

A: ¿**Hay** cervezas? 맥주 있어?
B: Sí, **están** en la nevera. 응, 냉장고에 있어.

Plus 어휘 (la) cerveza 맥주 | (la) nevera 냉장고

A: ¿**Hay** playas en Barcelona? 바르셀로나에 해변이 있어?
B: Sí, **hay** muchas. Barcelona **está** junto al mar. 응, 많지. 바르셀로나는 바다 옆에 있어.

Plus 어휘 (la) playa 해변 | junto a ~ ~ 옆에

¿Qué tiempo hace hoy? 오늘 날씨가 어때?

Hay niebla. 안개가 꼈어.

Hay nubes negras. 먹구름이 꼈어.

Plus 어휘 (la) niebla 안개 | (la) nube 구름

Tip Hay 동사로 표현할 수 있는 날씨들이 있어요.

Check up 빈칸에 들어갈 단어를 순서대로 쓴 것은?

A: ¿Dónde ______________ el baño? 화장실이 어디죠?
B: Aquí no ______________ baño. 여기는 화장실이 없어요.

hay - está　　está - está　　hay - hay　　está - hay

정답 está – hay

종합 연습문제

A 다음 문제를 풀어 보세요.

1 Hay 동사를 옳게 사용한 문장은?

① Hay Javier en mi clase.

② Hay mi libro sobre la mesa.

③ Hay las personas en la calle.

④ Hay mucha gente en la calle.

2 Hay 동사를 잘못 사용한 문장은?

① ¿Cuántos estudiantes hay en la clase?

② ¿Hay no baño?

③ No hay mesas en la clase.

④ Hay más de 10 personas.

3 아래 문장을 스페인어로 옳게 쓴 것은?

냉장고에 아무것도 없다.

① No hay nada en la nevera.

② Hay no nada en la nevera.

③ Hay nadie en la nevera.

④ Nadie hay en la nevera.

4 빈칸에 들어갈 단어가 나머지와 다른 하나는?

① Barcelona ________ junto al mar.

② Sevilla ________ al Sur de España.

③ ¿Dónde ________ mis amigos?

④ ¿Dónde ________ Corea?

5 대화의 흐름이 어색한 것은?

① ¿Hay cervezas?
 – Sí, están en la nevera.

② ¿Hay mucho tráfico?
 – Sí, hay muchos coches en la calle.

③ ¿Cuántas personas hay en tu familia?
 – Somos cuatro.

④ ¿Qué hay en Seúl?
 – Está en Corea.

6 빈칸에 들어갈 적절한 동사를 순서대로 쓴 것은?

A: Sona, ¿mi paraguas ______ allí?

B: No, no ______ aquí.

① está – está

② está – están

③ están – está

④ están – están

B 제시된 문장에 맞게 빈칸을 채워 보세요.

1 너의 사무실에 동료가 몇 명이니?

→ ¿ ________ compañeros hay en tu oficina?

2 스페인어 배우는 것은 가치가 있어.

→ ________ la pena aprender español.

3 먹구름이 꼈어.

→ ________ nubes negras.

4 화장실이 어디인가요?

→ ¿Dónde ________ el baño?

5 길에 사람이 많다.

→ Hay mucha ________ en la calle.

6 지금 차가 많이 막힌다.

→ Hay mucho ________ ahora.

처음 Talk talk!

MP3를 들으며 스페인어 기초 회화 표현을 말해 보세요.

Vale la pena.

(~할) 가치가 있지.

¡Vamos a comer!

식사합시다!

¡Vamos a estudiar!

공부합시다!

¡Vamos a ir a casa!

집에 갑시다!

¿Qué vas a hacer mañana?

내일 뭐 할 거야?

Tengo hambre.

배고파.

Unidad

형용사 레벨 업!

Lección 76

헷갈리는 형용사의 위치, 주로 명사 앞에 놓이는 형용사들

개념체크 다음 문장에서 'Feliz'가 들어갈 위치를 찾아보세요.

¡ ① Navidad ② !
메리 크리스마스!

정답 ①

❶ 형용사의 개념과 위치 복습

형용사는 명사의 성질, 외형 등을 묘사해요.

(el) perro **bonito**	귀여운 강아지
El perro es **bonito**.	강아지는 귀엽다.

형용사가 **명사**를 꾸밀 때는 명사 앞 또는 뒤에 놓여요. **주어**를 꾸밀 때는 동사 뒤에 놓여요.

❷ 주로 명사 앞에 놓이는 형용사들

주로 명사 앞에 놓이는 형용사들이에요. 단, 대명사를 수식하거나 관용적 표현에서는 예외에요.

주로 명사 앞에 놓이는 형용사들	소유격 전치형 (mi, tu…)	서수 (primero, segundo…)
	mejor 더 나은, 최고의	**peor** 더 나쁜, 최악의
	bueno/a 좋은	**varios/as** 여러, 다양한
	malo/a 나쁜	**último/a** 마지막의
	próximo/a 다음의	**feliz** 행복한

Mi mejor amigo es Manuel.	내 가장 친한 친구는 마누엘이다.
Hay **varios** museos en Madrid.	마드리드에는 여러 박물관이 있다.
¡**Feliz** cumpleaños!	생일 축하해!

❸ 명사 앞에서 형태가 변하는 형용사들

Bueno(좋은), malo(나쁜), primero(첫 번째의), tercero(세 번째의)와 같은 일부 형용사들은 남성 단수 명사 앞에서 **-o가 탈락**해요.

buen día 좋은 날	**mal día** 나쁜 날	**primer día** 첫째 날	**tercer día** 셋째 날

? 처음 회화 !

¡Feliz sábado! 즐거운 토요일 보내!

¡Feliz fin de semana! 즐거운 주말 보내!

¡Buen fin de semana! 좋은 주말 보내!

Tip fin de semana(주말)는 줄여서 finde라고 말해도 돼요.

Check up 빈칸에 들어갈 단어로 가장 적절한 것은?

Hace __________ tiempo.

bueno　　buena　　mal　　malo

정답 mal

앞, 뒤가 달라요, 위치에 따라 뜻이 바뀌는 형용사!

개념체크 빈칸에 들어갈 단어로 옳은 것을 골라보세요.

Una casa ______. 큰 집

grande **granda**

정답 grande

❶ 앞, 뒤 위치에 따라 뜻이 바뀌는 형용사

명사 앞	명사	명사 뒤
새로 산	**nuevo**	새로 만든
오래된	**viejo**	늙은
가여운	**pobre**	가난한
위대한	**grande**	큰

Tip grande는 단수 명사 앞에서 'de'가 탈락해요.

Es mi **nuevo coche**. 내 새 차야.
Quiero vivir en un **edificio nuevo**. 나는 새 건물에 살고 싶다.
Mi **vieja amiga** vive en una **casa vieja**. 내 오랜 친구는 낡은 집에 산다.

Plus 어휘 (el) coche 자동차 | (el) edificio 건물

Mi abuela es una **gran mujer**. 나의 할머니는 위대한 여성이다.
Mi abuela es una **mujer grande**. 나의 할머니는 몸집이 큰 여성이다.

❷ 앞, 뒤 뜻 변신 형용사 활용 연습

Los **grandes** inventos de la historia. 역사상 위대한 발명품들.
"Saber es poder." es un **viejo** dicho. "아는 것이 힘이다."는 오래된 격언이다.
En el mundo hay muchos países **pobres**. 세계에는 가난한 나라들이 많아.

Plus 어휘 (el) invento 발명 | (la) historia 역사 | (el) dicho 격언, 속담

Mi viejo viene a España el próximo mes. 다음 달에 우리 아빠가 스페인에 오셔.

¿Quién es "tu viejo"? '너의 노인'이 누구야?

Mi viejo es mi padre. 내 노인은 내 아빠라는 뜻이야.

Plus 어휘 (el/la) viejo/a 노인

Tip 일부 국가에서는 아빠, 엄마를 **viejo, vieja**라고 부르는 것이 일종의 애칭이에요.

Check up 주어진 형용사가 들어갈 적절한 위치는?

nuevo	¿Prefieres un ① coche ② o de segunda mano? 너는 새 차를 선호하니 중고차를 선호하니?
grande	¿Prefieres un ③ coche ④ o pequeño? 너는 큰 차를 선호하니 작은 차를 선호하니?

정답 ② nuevo, ④ grande

Lección 78

언젠가는 한국에 가고 싶어! 부정형용사가 뭐예요?

개념체크 다음 빈칸에 들어갈 수 있는 단어를 모두 떠올려보세요.

Tengo ______ amigos.

정답 unos, muchos, pocos, 숫자 등

❶ 부정형용사란?

부정형용사는 **불특정한 대상, 정도, 수량**을 말할 때 써요.

부정형용사				
			부정 수량형용사	
otro/a 다른	alguno/a 어떤, 무슨	cualquier 어떤 ~ 이든	todo/a 모든, 전체의	demasiado/a 지나치게 많은
mismo/a 같은	ninguno/a 어떤 ~도	cada ~마다	mucho/a 많은	poco/a 소수의(거의 없는)

(el) **cualquier** problema — 어떤 문제이든지 간에
Hay **muchos** problemas. — 많은 문제가 있다.

❷ 다양한 부정형용사 활용하기

부정형용사는 보통 명사 앞에 놓여요.

No hay **otra** opción. — 다른 선택지가 없다.
Siempre pido el **mismo** plato. — 나는 항상 같은 요리를 주문한다.

Plus 어휘 (la) opción 선택 | (el) plato 요리, 접시

alguno, ninguno는 남성 단수 명사 앞에서 -o가 탈락해요. 이때 u에 띨데가 첨가돼요.

¿Hay **algún** problema?	무슨 문제 있나요?
A: Sí, hay **algunos** problemas.	네, 어떤 문제들이 있습니다.
B: No, no hay **ningún** problema.	아뇨, 아무 문제도 없습니다.

cualquier, cada는 성·수 구분 없이 항상 같은 형태로 쓰여요.

Puedes venir **cualquier** día.	어느 날이든 와도 된다.
Él come **cualquier** cosa.	그는 무엇이든 먹는다.
Cambio de móvil **cada** dos años.	나는 2년마다 휴대폰을 바꾼다.
Cada persona tiene su tiempo.	사람마다 자신의 때가 있다.

Plus 어휘 (la) cosa 것 (사물, 사안) | cambiar de ~을 바꾸다, 교체하다

처음 회화

¿Cómo es Corea? 한국은 어떤 나라야?

Corea es un país hermoso y moderno. 한국은 아름답고 현대적인 나라야.

¡Algún día quiero ir a Corea! 언젠가는 한국에 가고 싶어!

Plus 어휘 ¿Cómo es ~ ? ~는 어때? | (el) país 나라 | moderno/a 현대적인

Check up 빈칸에 들어갈 단어로 가장 적절한 것은?

_________ **persona puede usar el baño.**

누구든지 화장실을 사용할 수 있습니다.

Alguna　　Cualquier　　Cualquiera　　Algún

정답 Cualquier

매일 스페인어를 공부해
부정 수량형용사가 뭐예요?

개념체크 다음 중 셀 수 없는 명사는 모두 몇 개일까요?

animal	sol	harina	amor	pantalones
동물	해	밀가루	사랑	바지

정답 3개(해, 밀가루, 사랑)

❶ 부정 수량형용사란?

부정 수량형용사는 부정형용사의 한 종류예요. **불특정한 수량을 말할 때** 써요.

todo/a	demasiado/a	mucho/a	poco/a
모든, 전체의	지나치게 많은	많은	소수의(거의 없는)

❷ 다양한 부정 수량형용사 활용하기

① 셀 수 없는 명사 앞에서는 **단수형**, 셀 수 있는 명사 앞에서는 **복수형**을 써요.

Hay **mucha** niebla.	안개가 많다.
Hay **muchas** nubes.	구름이 많다.

Plus 어휘 (la) niebla 안개 | (la) nube 구름

셀 수 없는 명사는 고유 명사, 형태가 없는 추상명사, 형태를 정의할 수 없는 물질명사예요.

Necesito **mucha** harina.	나는 많은 밀가루가 필요해.
Tengo **poco** dinero.	나는 돈이 별로 없어.
Es malo beber **demasiada** agua.	지나치게 많은 물을 마시는 것은 나쁘다.

Plus 어휘 necesitar 필요하다 | (la) harina 밀가루 | (el) dinero 돈

셀 수 있는 명사는 셀 수 없는 명사를 제외한 모든 명사예요.

Las tortugas viven **muchos** años.	거북이는 오래 산다.
Leo **pocos** libros.	나는 책을 거의 읽지 않는다.
Hay **demasiados** pasajeros en el metro.	전철에 승객이 지나치게 많다.

Plus 어휘 (la) tortuga 거북이 | leer 읽다 | (el) pasajero 승객

② todo/a+정관사+명사, todos/as+정관사+명사는 각각 '전체의 ~', '모든 ~'을 표현해요.

Estudio español **todo el día.**	나는 하루 종일 스페인어를 공부한다.
Estudio español **todos los días.**	나는 매일 스페인어를 공부한다.

처음 회화

Estoy de mala leche. 기분 별로야.

Tranquila. ¿Qué pasa? 진정해. 무슨 일이야?

Olivia llega tarde todos los días. 올리비아는 매일 늦게 와.

Plus 어휘 estar de mala leche 기분 나쁜 상태로 있다

Tip 나쁜 기분이나 나쁜 성격을 말할 때, 'mala leche'를 많이 사용해요.

Check up 다음 중 단어와 뜻이 잘못 연결된 것은?

el mismo día	cualquier día	todo el día	un mal día
다른 날	언제든지	하루 종일	나쁜 하루

정답 el mismo día 다른 날

종합 연습문제

A 다음 문제를 풀어 보세요.

1 문장의 해석이 옳지 않은 것은?

① Juana es mi mejor amiga.
후아나는 나의 가장 친한 친구다.

② ¡Hasta la próxima semana!
첫째 주에 봐!

③ Hay varias opciones.
다양한 선택지가 있다.

④ Hoy es el último día del año.
오늘은 한 해의 마지막 날이다.

2 형용사의 사용이 적절하지 않은 것은?

① El móvil es un invento grande.

② Carlos tiene una familia grande.

③ Él es mi viejo amigo.

④ Hay muchas personas pobres.

3 아래 문장을 스페인어로 옳게 쓴 것은?

날씨가 하루 종일 좋다.

① Hace buen tiempo todos los días.

② Hace bien tiempo todos los días.

③ Hace bien tiempo todo el día.

④ Hace buen tiempo todo el día.

4 빈칸에 들어갈 단어를 순서대로 연결한 것은?

A: ¿Hay ______ pregunta?
B: No, no hay ______ pregunta.

① algún – alguna

② algún – ninguna

③ alguna – alguna

④ alguna – ninguna

5 다음 중 문법적으로 옳은 문장은?

① Las tortugas viven mucho año.

② Necesito muchos dineros.

③ Tengo poco tiempo.

④ Cadas personas tienen su tiempo.

6 빈칸에 들어갈 단어로 옳은 것은?

Puedes venir ________ día.

① cualquier

② cualquieres

③ cualquiero

④ cualquiera

B 제시된 문장에 맞게 빈칸을 채워 보세요.

1 내 오랜 친구는 넓은 집에 산다.

→ Mi vieja amiga vive en una ________ ________.

2 다른 선택지가 없다.

→ No hay ________ opción.

3 나는 3년마다 휴대폰을 바꾼다.

→ Cambio de móvil ________ tres años.

4 다음 달에 우리 아빠가 스페인에 오셔.

→ Mi padre viene a España el ________ mes.

5 언젠가는 한국에 가고 싶어!

→ ¡ ________ día quiero ir a Corea!

6 마지막 정거장은 여기입니다.

→ La ________ parada es aquí.

처음 Talk talk!

MP3를 들으며 스페인어 기초 회화 표현을 말해 보세요.

¡Feliz sábado!

즐거운 토요일 보내!

¡Buen fin de semana!

좋은 주말 보내!

¡Feliz cumpleaños!

생일 축하해!

¿Hay algún problema?

무슨 문제 있나요?

¿Hay otra opción?

다른 선택지가 있나요?

Tranquilo/a.

진정해.

Unidad

기초 튼튼 개념 정리, 전치사

전치사란? 개념과 쓰임까지 확실하게!

개념체크 다음 문장에서 전치사를 찾아보세요.

Nosotros viajamos durante las vacaciones.
우리는 방학 동안 여행해.

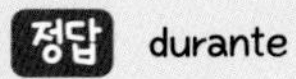

❶ 전치사란?

전치사? 명사 전(앞)에 위치하는 단어
전 → 前 앞 전

전치사는 꼭 명사 앞에 오는 단어예요. 단독으로는 쓰이지 않아요.

❷ 전치사의 용법

전치사는 문장이나 단어에 추가 정보를 제공하기 위해 써요. 형용사적 기능과 부사적 기능으로 사용해요.

형용사적 기능	
명사 수식	Clara es profesora **de español.** 끌라라는 스페인어 선생님이다.
명사 수식	Él vive **bajo presión.** 그는 압박 속에 산다.

부사적 기능	
동사 수식	La clase termina **a las 5.** 수업이 5시에 끝난다.
문장 수식	**En mi opinión,** él está equivoacado. 내 생각(의견)엔 그가 실수한 것 같아.

❸ 전치사의 종류와 형태

시간, 장소, 기간, 목적, 수단 등 의미에 따라 다양한 형태의 전치사를 사용해요.

시간	Trabajamos **de 8 a 10.** 우리는 8시부터 10시까지 일한다.
장소	Él vive **en** el campo. 그는 시골에 산다.
기간	Viajamos **durante** las vacaciones. 우리는 방학 동안 여행한다.

전치사는 **두 단어가 결합한 '구'의 형태**로도 쓰여요.

Voy a volver **antes de** las 8.	나는 8시 전에 돌아올 거야.
Duermo **después de** las 12.	나는 12시 이후에 자.

처음 회화

¿Tomas mucho café? 너 커피 많이 마셔?

Antes sí, ahora no. ¿Y tú? 전에는 그랬는데, 지금은 아니야. 넌?

Antes no, ahora sí. 난 전에는 아니었는데 지금은 많이 마셔.

Check up 다음 중 빈칸에 공통으로 들어갈 전치사로 옳은 것은?

El zumo _________ naranja. 오렌지 주스
Estas naranjas son _________ Valencia. 이 오렌지들은 발렌시아에서 왔어.

con   a   de   dónde

정답 de

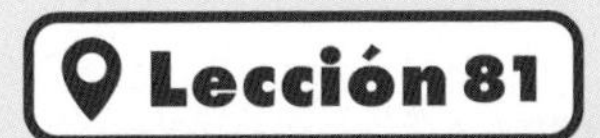

3시에서 5시까지 낮잠을 자. 주요 전치사 a와 de

개념체크 빈칸에 들어갈 알맞은 단어는 무엇일까요?

Quiero ver ___ mis padres.
나는 부모님이 보고 싶어.

정답 a

❶ 주요 전치사 a의 활용

전치사 a	사람, 동물, 의인화된 목적어 앞	Busco **a** mi gato. 나는 나의 고양이를 찾는다.
	방향	Voy **a** la escuela. 나는 학교에 간다.
	시간	Desayuno **a** las 7. 나는 7시에 아침을 먹는다.
	수단	¿Puedo ir **a** pie? 걸어서 갈 수 있나요?
	기간	Pago 100 euros **al** mes. 한 달에 100유로를 낸다.
	거리	Está **a** 100 metros de aquí. 여기서 100미터 거리에 있다.

Plus 어휘 buscar 찾다 | desayunar 아침 식사하다 | a pie 걸어서 | pagar 지불하다

Tip a la(s) 숫자는 "~시에"라는 뜻이에요. 1시일 때만 'a la una'이고, 나머지 시간은 모두 'a las 숫자'예요.

❷ 주요 전치사 de의 활용

전치사 de	종류	Quiero comer helado **de** chocolate. 초콜릿 아이스크림 먹고 싶어.
	출신	Ella es **de** Nueva York. 그녀는 뉴욕 출신이야.
	소유	Esta casa es **de** mi tío. 이 집은 우리 삼촌 거야.
	공간상의 출발점	Voy a viajar **de** México a Brasil. 멕시코에서 브라질까지 여행할 거야.
	시간상의 출발점	Tomo la siesta **de** 3 a 5. 3시에서 5시까지 낮잠을 자.

Plus 어휘 (el) helado 아이스크림 | Nueva York 뉴욕

Tip "~시부터 ~시까지"를 말할 때 'de 숫자 a 숫자'를 써요. 이때 관사는 쓰지 않아요.

처음 회화

¿Dónde está tu casa? 너희 집은 어디야?

Está a 5 manzanas. 여기서 다섯 블록이야.
Voy a casa a pie. 걸어서 집에 가.

Plus 어휘 (la) manzana 사과, 블록

Tip 스페인어로 길을 설명할 때 (la) manzana는 꼭 알아야 할 단어예요. 일부 지역에서는 (la) cuadra라고 해요.

Check up 다음 중 문법적으로 옳지 않은 문장은?

① La clase termina a las 7.
② Estoy en la escuela de las 9 a las 4.
③ Quiero un zumo de tomate.
④ Quiero ver a mi madre.

② 정답

Lección 82

맥주 사러 갔다 올게.
주요 전치사 para와 por

개념체크 빈칸에 들어갈 알맞은 단어는 무엇일까요?

Ella habla ______ teléfono.

그녀는 전화 통화를 한다.

정답 por

❶ 주요 전치사 para의 활용

전치사 para	목적	Nunca es tarde **para** aprender. 배움에는 늦음이 없다.
		Compro un regalo **para** mi novia. 여자친구를 위한 선물을 산다.
	비교	**Para** los españoles el fútbol es muy importante. 스페인 사람들에게 축구는 매우 중요하다.
	기한	La tarea es **para** mañana. 숙제는 내일까지다.
	방향	¿Dónde puedo tomar el tren **para** Madrid? 마드리드행 기차는 어디서 탈 수 있나요?

Plus 어휘 comprar 사다 | (el) regalo 선물 | importante 중요한 | (la) tarea 숙제 | tomar 잡다, 타다

Tip 'para+동사원형'은 "~하기 위해"로 해석해요.

❷ 주요 전치사 por의 활용

전치사 **por**	수단	Ella habla mucho **por** teléfono. 그녀는 전화 통화를 많이 한다.
	목적	Voy **por** cerveza. 맥주 사러 갔다 올게.
	원인	Mi amigo sufre **por** amor. 내 친구는 사랑으로 아파한다.
	때	Limpio la casa **por** la mañana. 나는 오전에 집을 청소한다.
	단위	Trabajo **por** días. 나는 일용직으로 일한다.

Plus 어휘 sufrir por ~ ~로 고통받다 | limpiar 청소하다

처음 회화

¿Qué es la "Hora Feliz"? '해피아워(행복한 시간)'가 뭐야?

Es una promoción. 판촉 행사야.

Puedes comprar dos por uno(2x1). 하나 값에 두 개를 살 수 있어.

Plus 어휘 Hora Feliz 해피아워 (식당 또는 bar의 이벤트) | (la) promoción 판촉 행사

Tip 스페인어에서 원 플러스 원(1+1)은 2x1, 투 플러스 원(2+1)은 3x2으로 표현해요.

Check up 빈칸에 들어갈 전치사로 옳은 것은?

Hago ejercicio ________ comer mucho.

나는 많이 먹기 위해 운동한다.

por　　para　　de　　a

정답 para

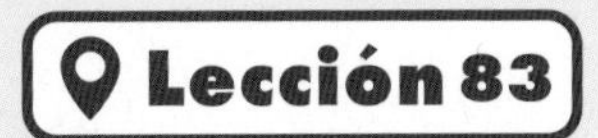

탄산수 주세요.
주요 전치사 en, con, sin

개념체크 빈칸에 들어갈 알맞은 단어는 무엇일까요?

Voy a Francia ______ tren.
나는 기차로 프랑스에 간다.

정답 en

❶ 주요 전치사 en의 활용

전치사 en	장소	Hay mucha gente **en** la calle. 길에 사람이 많다.
	수단	Voy al trabajo **en** coche. 나는 차로 출근한다.
	계절, 월	Estamos **en** primavera. 지금은 봄이다.

Tip 전치사 en은 계절, 월, 연도 등을 말할 때도 써요.

❷ 주요 전치사 con&sin의 활용

con '~함께'과 sin '~없이'은 의미적으로 대비돼요.

전치사 con	재료, 부속	Un café **con** leche, por favor. 카페라테 한 잔 주세요.
	동반	Vivo **con** mi familia. 나는 가족과 함께 산다.
	수단	Escribo rápido **con** teclado. 나는 타자를 빠르게 친다.

Plus 어휘 (el) teclado 키보드

전치사 **sin**	결여	Quiero un cóctel **sin** alcohol. 무알콜 칵테일 한 잔을 원해요.
		Él habla **sin** parar. 그는 쉬지 않고 말한다.
	제외	Son 50 euros **sin** IVA. 부가가치세 빼고 50유로입니다.

Plus 어휘 (el) cóctel 칵테일 | parar 멈추다 | IVA 부가가치세

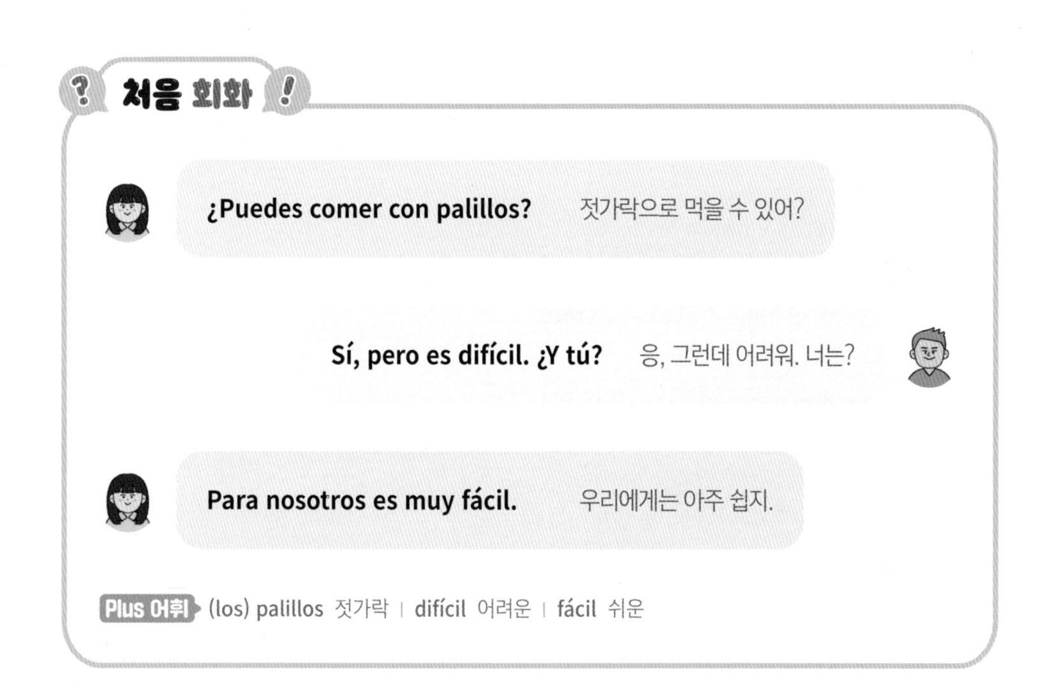

Check up 다음 중 빈칸에 들어갈 전치사로 옳은 것은?

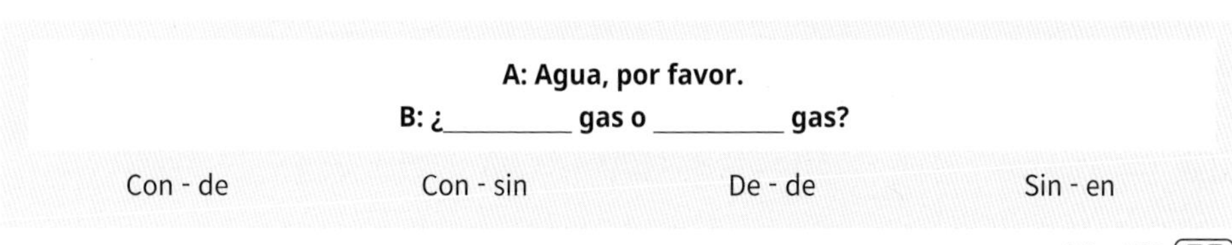

정답 Con - sin

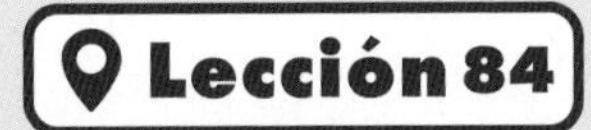

지금부터 우리는 연인이야. 기타 주요 전치사

개념체크 빈칸에 들어갈 알맞은 단어는 무엇일까요?

_______________ **el día estoy muy ocupada**.

낮 동안에 나는 매우 바쁘다.

정답 Durante

❶ 주요 전치사 desde&hasta

desde "~부터", hasta "~까지"는 시공간적 시작과 끝을 말할 때 써요. 의미에 따라 'de ~ a ~'를 대체할 수 있어요.

Trabajo **desde** las 9 **hasta** las 6.
나는 9시부터 6시까지 일해.

Trabajo **desde** el lunes **hasta** el viernes.
나는 월요일부터 금요일까지 일해.

Hay un tren **desde** aquí **hasta** Granada.
여기서 그라나다까지 기차가 있다.

Tip '~시부터 ~시까지'를 말할 때 **de~ a~** 뒤에는 관사를 쓰지 않고, **desde~ hasta~** 뒤에는 관사를 써요.

단독으로 쓰일 때 desde는 '~이후로', hasta는 '~까지도, 마저도'로 해석해요.

Desde ahora somos novios.
지금부터 우리는 연인이야.

Hasta los gatos quieren zapatos.
고양이들까지도 신발을 원한다.

Tip 'Hasta los gatos quieren zapatos.'는 분수에 맞지 않는 것을 욕망하는 사람을 꾸짖는 말이에요.

❷ 주요 전치사 durante

durante는 "~동안"으로 해석해요.

Durante el día estoy muy ocupado.
낮 동안에 나는 너무 바쁘다.

Durante las vacaciones voy a visitar a mis padres.
방학 동안 나는 부모님을 뵈러 갈 거야.

Plus 어휘 ocupado/a 바쁜 | visitar 방문하다

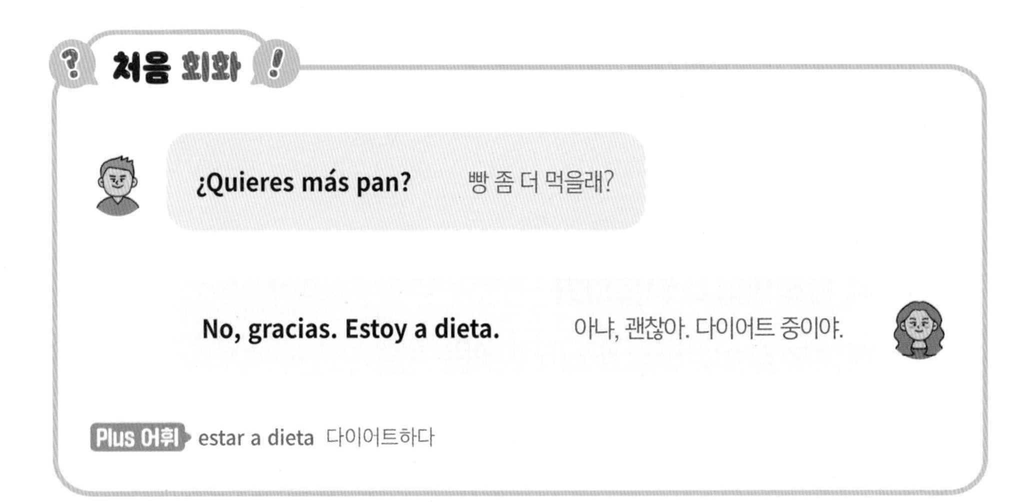

Check up 다음 중 빈칸에 들어갈 단어로 가장 적당한 것은?

Estoy enamorada ______________ los huesos.
나는 뼛속까지 사랑에 빠졌다.

durante　　sin　　hasta　　desde

정답 hasta

Lección 85

나한테 화났어? 전치격 인칭대명사가 뭐예요?

개념체크 빈칸에 들어갈 알맞은 단어는 무엇일까요?

Pienso ______ ella.

나는 그녀를 생각한다.

정답 en

❶ 전치격 인칭대명사란?

전치격 인칭대명사는 전치사 뒤에 온 인칭대명사를 말해요. 전치사와 만날 경우 인칭대명사 Yo와 Tú는 각각 Mí와 Ti로 형태가 바뀌어요.

mí	나	nosotros/nosotras	우리들
ti	너	vosotros/vosotras	너희들
usted/él/ella	당신/그/그녀	ustedes/ellos/ellas	당신들/그들/그녀들

❷ 전치격 인칭대명사 활용하기

짝꿍처럼 함께 다니는 동사와 전치사는 함께 외우면 좋아요.

Hablan **de mí.**	그들이 나에 대해 말한다.
Lloro **por ti.**	나는 너 때문에 운다.
Es un honor **para mí.**	저에게는 영광이죠.
Todo el día pienso **en ti.**	하루 종일 너를 생각해.
Es imposible vivir **sin** él.	그 없이 사는 건 불가능해.
Quiero salir **con** ella.	그녀와 데이트하고 싶어.

Plus 어휘 hablar de ~에 대해 이야기하다 | llorar por ~ 때문에 울다 | pensar en ~을 생각하다

① con이 mí, ti와 만나면 특별한 변화를 해요.

con + mí	=	**conmigo** 나와 함께		**con + ti**	=	**contigo** 너와 함께

Ella es muy amable **conmigo**.	그녀는 내게 정말 친절해.
Quiero bailar **contigo**.	너와 춤추고 싶어.

② 일부 전치사는 전치격 인칭대명사 mí, ti를 사용하지 않아요.

Todas tienen novio **menos** yo.	나 빼고 다 남자친구가 있어.
Hay algo especial **entre** tú y yo.	너와 나 사이에 뭔가 특별한 것이 있다.

Tip 인칭대명사를 나열할 때는 항상 숫자가 큰 인칭이 먼저 와요. **tú y yo (o) / yo y tú (x)**

처음 회화

¿Estás enfadada conmigo? 나한테 화났어?

No. ¿Por qué? 아니. 왜?

Estás fría conmigo hoy. 오늘 나한테 차갑게 대해서.

Plus 어휘 estar enfadado/a con ~에게 화가 나다 | frío/a 차가운

Tip estar frío/a는 사람에게도 사용해요.

Check up 다음 중 동사와 뜻이 잘못 연결된 것은?

hablar en	pensar en	salir con	llorar por
~에 대해 말하다	~을 생각하다	~와 데이트하다	~때문에 울다

정답 hablar en ~에 대해 말하다

Unidad 16

종합 연습문제

A 다음 문제를 풀어 보세요.

1 다음 중 전치사가 잘못 사용된 문장은?

① Leo un libro a la semana.

② Voy a casa en metro.

③ Puedo terminar para mañana.

④ Por los españoles el fútbol es muy importante.

2 다음 중 전치사가 잘못 사용된 문장은?

① Voy al parque de la tarde.

② Él habla sin parar.

③ Estudio con mucha atención.

④ Trabajo de lunes a viernes.

3 아래 문장을 스페인어로 옳게 쓴 것은?

너 빼고 모두가 나에 대해 나쁘게 말해.

① Todos hablan mal en mi menos ti.

② Todos hablan mal a mí menos ti.

③ Todos hablan mal de mi menos tú.

④ Todos hablan mal de mí menos tú.

4 빈칸에 들어갈 단어가 나머지와 다른 하나는?

① Quiero comer helado _______ vainilla.

② Trabajo _______ 9 a 6.

③ Estoy enamorado _______ su hermana.

④ _______ las 3 de la tarde tomo la siesta.

5 전치격 인칭대명사가 잘못 사용된 것은?

① Ella está enfadada conmigo.

② Es un placer para mí.

③ No puedo vivir con ti.

④ Cada día pienso en ti.

6 아래 질문의 대답으로 자연스러운 것은?

¿Cuándo vuelves de la escuela?

① Mañana vuelvo a la escuela.

② Está a 30 minutos de casa.

③ Antes de las 11 de la noche.

④ Tres veces a la semana.

B 제시된 문장에 맞게 빈칸을 채워 보세요.

1 고양이들은 창문으로 들어온다.

→ Los gatos entran ______ la ventana.

2 배움에는 늦음이 없다.

→ Nunca es tarde ______ aprender.

3 나는 한 달에 100유로를 낸다.

→ Pago 100 euros ______ mes.

4 나는 타자를 빠르게 친다.

→ Escribo rápido ______ teclado.

5 그 돈으로 뭐 할 거야?

→ ¿ ______ ese dinero qué vas a hacer?

6 너와 나 사이에 뭔가 특별한 것이 있다.

→ Hay algo especial ______ tú y yo.

처음 Talk talk!

MP3를 들으며 스페인어 기초 회화 표현을 말해 보세요.

Son 50 euros sin IVA.
부가가치세 빼고 50유로입니다.

¿Puedo ir a pie?
걸어서 갈 수 있나요?

Quiero un cóctel sin alcohol.
무알콜 칵테일 한 잔을 원해요.

Un café con leche, por favor.
카페라테 한 잔 주세요.

Estoy a dieta.
다이어트 중이야.

¿Estás enfadado/a conmigo?
나한테 화났어?

Unidad

처음 회화 Part 3
의문사+전치사 활용해 질문하기

Lección 86

어디 가니?
전치사+의문사로 질문하기 1탄 (feat. a)

개념체크 'de'가 들어갈 위치로 알맞은 것을 고르세요.

¿ ① dónde ② eres ③ tú ④ ?

정답 ①

❶ a + 의문사로 질문하기

의문문에서 전치사는 항상 의문사 앞에 위치해요. a는 주로 아래의 의문사들과 어울려요.

dónde	¿**A dónde** vas?	어디 가니?
qué	¿**A qué** hora termina?	몇 시에 끝나니?
cuánto	¿**A cuánto** estamos?	오늘 며칠이니?
quién	¿**A quién** buscas?	누구를 찾니?

❷ ¿ A dónde ~? 어디로 ~?

¿**A dónde** vas? 어디 가?
Voy al baño. 화장실에 가.
Voy a casa. 집에 가.

Tip a dónde, adónde 모두 옳은 표현이예요.

¿**A dónde** va este tren? 이 기차는 어디로 갑니까?
Va a Granada. 그라나다로 갑니다.
Va al Sur. 남쪽으로 갑니다.

Tip 방위를 말할 때는 대문자를 써요.

❸ ¿A qué hora ~? 몇 시에 ~?

¿**A qué hora** empieza la clase?	수업이 몇 시에 시작해?
¿**A qué hora** termina la clase?	수업이 몇 시에 끝나?
¿**A qué hora** es el check-out?	체크아웃은 몇 시 인가요?

의미에 따라 a 대신 다양한 전치사를 쓸 수 있어요.

Empieza **a** las 10.	10시에 시작해.
Empieza **antes de** las 10.	10시 전에 시작해.
Empieza **después de** las 10.	10시 이후에 시작해.

Plus 어휘 empezar(e→ie) 시작하다 | antes de ~ ~전에 | después de ~ ~이후에

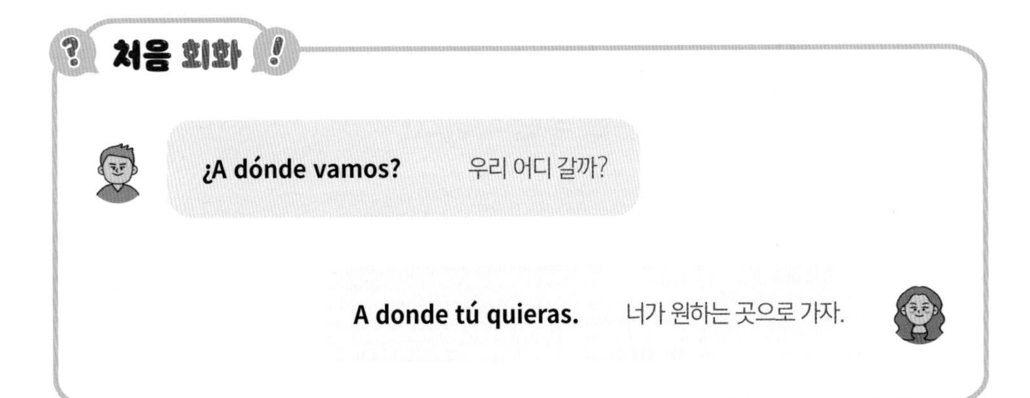

Check up 다음 질문에 대한 답변으로 옳지 않은 것은?

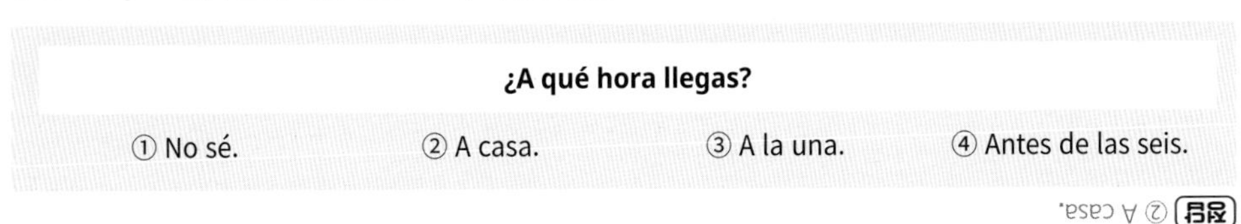

정답 ② A casa.

Lección 87

이 노트북 누구 거야?
전치사+의문사로 질문하기 2탄 (feat. de)

개념체크 빈칸에 들어갈 알맞은 단어는 무엇일까요?

¿De ______ es esto?
이건 누구 거야?

정답 quién

❶ de + 의문사로 질문하기

의문문에서 전치사는 항상 의문사 앞에 위치해요. de는 주로 아래의 의문사들과 어울려요.

dónde	¿De dónde eres?	너는 어디 출신이니?
qué	¿De qué país viene el sushi?	초밥은 어느 나라에서 왔지?
quién	¿De quién es el coche?	차는 누구 거야?

❷ ¿De qué color es ~? ~는 무슨 색이니?

blanco/a 하얀	rojo/a 빨간	verde 초록	amarillo/a 노란
azul 파란	negro/a 검은	castaño/a 갈색의	rubio/a 금발의

¿**De qué** color es tu pelo? 너의 머리카락은 무슨 색이니?
Es rubio. 금발이야.
Es castaño. 갈색이야.

Plus 어휘 (el) pelo 머리카락

❸ ¿De quién es ~? ~는 누구 거니?

¿**De quién** es este portátil?	이 노트북 누구 거야?
Es mío.	내 거야.
Es de Laura.	라우라 거야.

Tip ser+소유격 후치형은 '~의 것이다'로 해석해요.

? 처음 회화 !

No puedo pronunciar bien "rubio". ㄹ루비오 발음을 잘 못하겠어.

Para mí es difícil pronunciar rrrrr. 나에게는 ㄹㄹㄹ 발음이 어려워.

Para mí es pan comido. 나한테는 식은 죽 먹기지.

Plus 어휘 pronunciar 발음하다

Tip 아주 쉬운 일을 '**pan comido**'에 비유해요. 직역하면 '이미 먹은 빵이지'라는 뜻이에요.

Check up 빈칸에 들어갈 의문사로 옳은 것은?

¿De ___________ son estas huellas?

이 발자국들은 누구의 것이지?

dónde　　quién　　quiénes　　quien

Plus 어휘 (la) huella 발자국

정답 quién

Lección 88

넌 누구랑 살아? 전치사+의문사로 질문하기 3탄 (feat. con, para)

개념체크 빈칸에 들어갈 알맞은 단어는 무엇일까요?

¿______ quién es esto?
이건 누구를 위한 거지?

para

❶ con, para + 의문사로 질문하기

의문문에서 전치사는 항상 의문사 앞에 위치해요. con, para는 주로 아래의 의문사들과 어울려요.

quién	¿**Con quién** estás?	누구랑 같이 있어?
	¿**Para quién** es esta cámara?	이 카메라는 누구를 위한 거야?
qué	¿**Con qué** mano comes?	어떤 손으로 밥 먹어?
	¿**Para qué** vivimos?	우리는 왜 사는가?

❷ ¿Con quién ~? 누구와 ~하니?

¿**Con quién** vives? 넌 누구랑 같이 살아?
Vivo solo/a. 나는 혼자 살아.
Vivo con mi familia. 나는 가족과 함께 살아.

¿**Con quién** comes normalmente? 보통 누구와 점심 먹니?
Como con mis compañeros. 동료들과 함께 먹어.

❸ ¿Para qué ~? 무엇을 위해 ~하니?

¿**Para qué** estudias tanto?	왜 그렇게 열심히 공부해?
Estudio mucho para ser médico.	의사가 되기 위해 열심히 공부해.

¿**Para qué** sirve esta crema?	이 연고는 어디에 쓰는 거야?
Sirve para acné.	여드름용이야.

Plus 어휘 (la) crema 크림 | servir(e→i) 사용되다, 제공하다 | (el) acné 여드름

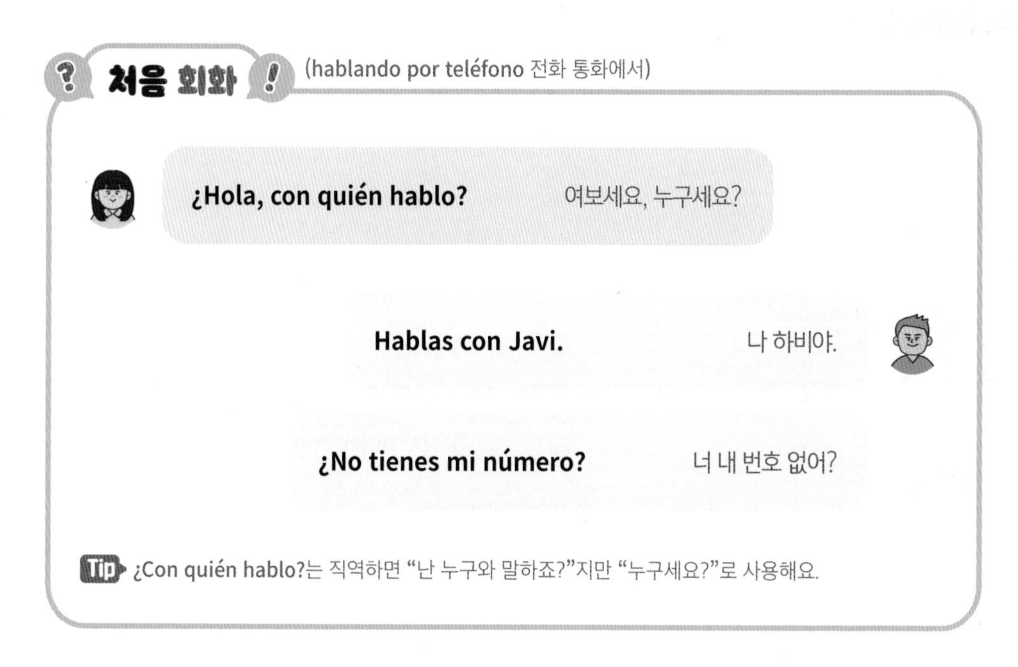

? 처음 회화 ! (hablando por teléfono 전화 통화에서)

¿Hola, con quién hablo? 여보세요, 누구세요?

Hablas con Javi. 나 하비야.

¿No tienes mi número? 너 내 번호 없어?

Tip ¿Con quién hablo?는 직역하면 "난 누구와 말하죠?"지만 "누구세요?"로 사용해요.

Check up 빈칸에 들어갈 전치사로 가장 적절한 것은?

¿__________ qué sirve esto?

이건 어디다 쓰는 거죠?

A　　Con　　Por　　Para

정답 Para

Unidad 17

종합 연습문제

A 다음 문제를 풀어 보세요.

1 전치사가 잘못 사용된 문장은?

① ¿Adónde va este autobús?

② ¿De quién hablas?

③ ¿De qué país viene la pizza?

④ ¿De quién ama Clara?

2 의문사가 잘못 사용된 문장은?

① ¿De dónde eres tú?

② ¿Hola, con quién hablo?

③ ¿Con quién mano escribes?

④ ¿A quién buscas?

3 아래 문장을 스페인어로 옳게 쓴 것은?

너의 눈은 무슨 색이니?

① ¿Con qué color es tus ojos?

② ¿En qué color son tus ojos?

③ ¿A qué color es tus ojos?

④ ¿De qué color son tus ojos?

4 빈칸에 들어갈 단어가 나머지와 다른 하나는?

① ¿________ quién son estas gafas?

② ¿________ dónde vuelve el tren?

③ ¿________ quién quieres salir?

④ ¿________ qué color es tu pelo?

5 대화의 흐름이 어색한 것은?

① ¿De quién es este portátil?
  – Es de ella.

② ¿A qué hora termina la clase?
  – Son las 2.

③ ¿A cuánto estamos?
  – Hoy es 15 de agosto.

④ ¿De quién son estas huellas?
  – Son mías.

6 아래 질문의 대답으로 자연스러운 것은?

¿Para qué sirve esto?

① Sirve para cocinar.

② No sirve para.

③ ¿Qué sirve?

④ En casa.

B 제시된 질문에 알맞은 대답을 완성해 보세요.

1 ¿Por qué lloras tanto?

→ Lloro ______ ti.

2 ¿A qué hora empieza la clase?

→ La clase empieza ______ las 10.

3 ¿Para qué sirve esto?

→ No sirve ______ nada.

C 제시된 문장에 맞게 빈칸을 채워 보세요.

1 누구를 찾니?

→ ¿______ quién buscas?

2 이 선물은 누구를 위한 거야?

→ ¿______ quién es este regalo?

3 오늘 며칠이지?

→ ¿A ______ estamos?

처음 Talk talk!

MP3를 들으며 스페인어 기초 회화 표현을 말해 보세요.

¿A dónde vas?

어디 가?

¿A dónde vamos?

우리 어디 갈까?

Para mí es pan comido.

나한테는 식은 죽 먹기지.

¿De quién es esto?

이거 누구 거야?

¿Hola, con quién hablo?

여보세요, 누구세요?

Hablas con Dani.

나 다니야.

Unidad

헷갈려요!
처음 스페인어 FAQ

Lección 89

헷갈려요 1탄. muy vs mucho vs muchos

개념체크 다음 중 문법적으로 옳은 문장을 모두 고르세요.

Ella habla muy.	Ella habla mucho bien.
Ella habla mucha.	Ella habla muy bien.

정답 Ella habla muy bien.

❶ 헷갈리는 muy / mucho / muchos

muy는 부사, mucho는 부사이자 형용사예요.

부사	Julia come **muy** bien.	훌리아는 매우 잘 먹는다.
	Julia come **mucho**.	훌리아는 많이 먹는다.
형용사	Julia come **mucho** pan.	훌리아는 빵을 많이 먹는다.
	Julia come **muchos** huevos.	훌리아는 달걀을 많이 먹는다.

Tip 부사는 명사 빼고 다, 형용사는 오로지 명사만 수식해요.

❷ 부사 muy와 부사 mucho 비교하기

부사 muy는 '매우'로 해석해요. 특별한 부사인 muy는 다른 부사들과 달리 **부사, 형용사**만 수식해요.

틀린 문장	→	맞는 문장
Julia come **muy**. (X)	→	Julia come **mucho**. (O) 훌리아는 많이 먹는다.

Julia come **muy** bien. 훌리아는 매우 잘 먹는다.
Julia come **muy** despacio. 훌리아는 매우 천천히 먹는다.

❸ 부사 mucho와 형용사 mucho(s) 비교하기

부사 mucho는 '많이'로 해석해요. 부사이기 때문에 어떤 경우에도 형태가 변하지 않아요.

틀린 문장	→	맞는 문장
Julia come **mucha**. (X)		Julia come **mucho**. (O) 훌리아는 많이 먹는다.

형용사 mucho는 '많은'으로 해석해요. 형용사답게 수식하는 명사에 성·수일치하지만, 셀 수 없는 명사 앞에서는 성 변화만 해요.

셀 수 없는 명사	Julia come **mucho** pan.	훌리아는 많은 빵을 먹는다.
셀 수 있는 명사	Julia come **muchos** huevos.	훌리아는 많은 계란을 먹는다.

? 처음 회화 !

Yo como huevos todos los días. 나는 달걀을 매일 먹어.

¿Cómo comes huevos? 달걀을 어떻게 먹어?

¿Fritos, revueltos o duros? 프라이, 스크램블 아니면 삶아서?

Plus 어휘 (el) huevo frito 달걀 프라이 | (el) huevo revuelto 스크램블 에그 | (el) huevo duro 삶은 달걀

Check up 빈칸에 들어갈 단어로 가장 적절한 것은?

Bebo ___________ agua.
나는 물을 많이 마신다.

muy　　mucho　　mucha　　muy bien

정답 mucha

Lección 90

헷갈려요 2탄. bien vs bueno, mal vs malo

개념체크 빈칸에 들어갈 말로 옳은 것을 골라보세요.

Julia estudia en una ______ universidad. 훌리아는 좋은 대학에서 공부한다.

bien **buena**

정답 buena

❶ 헷갈리는 bien / bueno, mal / malo

bien과 mal은 부사, bueno와 malo는 형용사예요.

부사	Julia canta **bien.**	훌리아는 노래를 잘 한다.
	Julia canta **mal.**	훌리아는 노래를 잘 못 한다.
형용사	Julia canta con **buena** voz.	훌리아는 좋은 목소리로 노래한다.
	Julia canta con **mala** voz.	훌리아는 나쁜 목소리로 노래한다.

❷ 부사 bien과 형용사 bueno 비교하기

부사 bien은 '잘', 형용사 bueno는 '좋은'으로 해석해요. 형용사 bueno는 보통 명사 앞에 놓이고, 남성 단수 명사 앞에서 -o가 탈락해요.

틀린 문장		맞는 문장
Julia trabaja **bueno.** (X)	→	Julia trabaja **bien.** (O) 훌리아는 일을 잘 한다.

Julia trabaja en una **buena** empresa. 훌리아는 좋은 회사에서 일한다.
Julia estudia en una **buena** universidad. 훌리아는 좋은 대학에서 공부한다.
Julia tiene un **buen** trabajo. 훌리아는 좋은 직장을 가졌다.

❸ 부사 mal과 형용사 malo 비교하기

부사 mal은 '잘 못', 형용사 malo는 '나쁜'으로 해석해요. 형용사 malo는 보통 명사 앞에 놓이고, 남성 단수 명사 앞에서 -o가 탈락해요.

틀린 문장	→	맞는 문장
Julia baila **malo.** (X)		Julia baila **mal.** (O) 훌리아는 춤을 잘 못 춘다.

Julia tiene **mala** fama.	훌리아는 평판이 나쁘다.
Julia tiene **mala** suerte.	훌리아는 운이 나쁘다.
Julia tiene **mal** carácter.	훌리아는 나쁜 성격을 가졌다.

Plus 어휘 (la) fama 명성, 평판 | (la) suerte 운 | (el) carácter 캐릭터, 성격

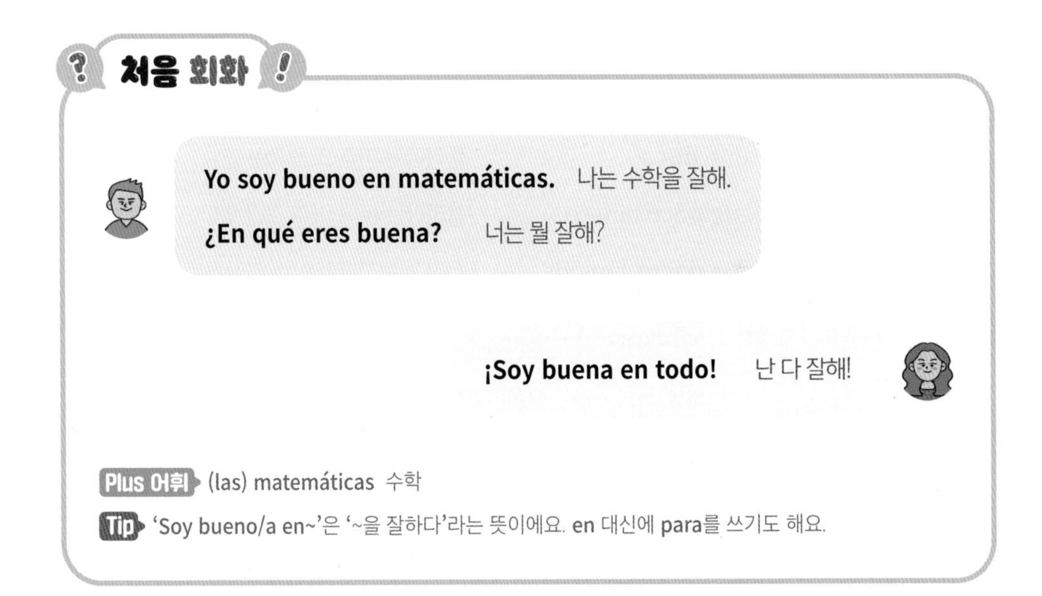

Check up 빈칸에 들어갈 단어로 가장 적절한 것은?

Mi jefe tiene ___________ leche.

내 상사는 성격이 아주 나쁘다.

mal　　malo　　mala　　muy

정답 mala

헷갈려요 3탄.

un poco vs poco vs pocos

개념체크 빈칸에 들어갈 단어로 옳은 것을 모두 골라보세요.

Nosotros dormimos ______.

un poco **poco** **pocos**

정답 un poco, poco

❶ 헷갈리는 un poco / poco / pocos

un poco는 부사, poco는 부사이자 형용사예요.

부사	Julia es **un poco** tímida.	훌리아는 약간 소심하다.
	Julia come **poco.**	훌리아는 아주 조금 먹는다.
형용사	Julia tiene **poco** dinero.	훌리아는 돈이 아주 조금 있다.
	Julia tiene **pocos** amigos.	훌리아는 친구가 아주 조금 있다.

Plus 어휘 tímido/a 소심한 | (el) dinero 돈

❷ 부사 un poco와 부사 poco 비교하기

부사 un poco는 '약간', 부사 poco는 '아주 조금', '아주 드물게'로 해석해요.

un poco	Julia sabe **un poco.**	훌리아는 약간/조금 알고 있다.
	Julia es **un poco** amable.	훌리아는 조금 친절하다.
poco	Julia sabe **poco.**	훌리아는 아는 게 거의 없다.
	Julia es **poco** amable.	훌리아는 보통은 친절하지 않다.

❸ 형용사 poco의 두 가지 뜻 "아주 적은 vs 약간"

형용사 poco는 명사 앞에서 '아주 적은'으로 해석해요.

Julia cocina con **poco** aceite.	훌리아는 아주 적은 기름으로 요리한다.
Julia cocina con **poca** sal.	훌리아는 아주 적은 양의 소금으로 요리한다.
Julia come **pocas** calorías.	훌리아는 아주 적은 칼로리를 먹는다.

명사의 '약간'을 표현하고 싶을 땐, '부정관사+poco'의 형태를 써요. 셀 수 없는 명사의 '약간'을 표현할 땐 '**un poco de~**'를 쓰고, 셀 수 있는 명사의 '약간'을 표현할 때는 '**unos/as pocos/as ~**'를 써요.

Julia necesita **un poco de** aceite.	훌리아는 약간의 기름이 필요하다.
Julia necesita **un poco de** sal.	훌리아는 약간의 소금이 필요하다.

Julia necesita **unos pocos** huevos.	훌리아는 약간의 달걀이 필요하다.
Julia necesita **unas pocas** patatas.	훌리아는 약간의 감자가 필요하다.

? 처음 회화 !

Gambas al ajillo y una caña, por favor. 마늘 감바스랑 맥주 한 잔 주세요.

Con poca sal, por favor. 소금은 조금만 넣고 해 주세요.

Vale, ¿algo más? 네, 더 필요한 것 있나요?

Plus 어휘 al ajillo 마늘을 넣은 ı algo 무언가, 어떤 것

Check up 빈칸에 들어갈 단어를 순서대로 옳게 연결한 것은?

Necesito ____________ de arroz pero en casa hay ____________ arroz.

쌀이 약간 필요하지만 집에 쌀이 거의 남아 있지 않다.

poco – un poco   poco – poco   un poco – poco   un poco – un poco

정답 un poco – poco

종합 연습문제

A 다음 문제를 풀어 보세요.

1 mucho가 잘못 사용된 문장은?

① Él estudia mucho para ser médico.

② Mucha gente va al trabajo en coche.

③ Tengo tiempo mucho para estudiar.

④ Te amo mucho, hija.

2 부사 또는 형용사의 사용이 옳지 않은 문장은?

① Él baila muy bueno.

② Hace un poco mal tiempo.

③ ¿Por qué estás de mala leche?

④ Quiero ser bueno en todo.

3 아래 문장을 스페인어로 옳게 쓴 것은?

> 사람들은 많이 말하고 조금 들어.

① La gente habla muchos y escucha pocos.

② La gente habla muy y escucha un poco.

③ La gente habla mucha y escucha un poco.

④ La gente habla mucho y escucha poco.

4 빈칸에 들어갈 말이 나머지와 다른 하나는?

① Entiendo muy ________.

② Tengo ________ tiempo libre. Estoy muy ocupada.

③ Hay ________ aceite de oliva.

④ Toma ________ de aire fresco.

5 문장의 내용이 자연스럽지 않은 것은?

① Juan tiene mal carácter. No es simpático.

② El avión va mucho rápido.

③ ¿Puedes hablar un poco más despacio?

④ Pocas personas hablan bien de él.

6 아래 질문의 대답으로 자연스럽지 않은 것은?

> ¿Cómo es Olivia?

① Es un poco tímida.

② Tiene mala leche.

③ Es poco amable.

④ Está muy bien.

B 제시된 문장에 맞게 빈칸을 채워 보세요.

1 너는 스페인어를 잘하니?

→ ¿Hablas ______ el español?

2 나 열이 조금 있어.

→ Tengo ______ fiebre.

3 훌리아는 평판이 나쁘다.

→ Julia tiene ______ fama.

4 오늘 아침에 일이 많아.

→ Esta mañana tengo ______ trabajo.

5 소금은 아주 조금만 넣어주세요.

→ Con ______ sal, por favor.

6 한국인들은 많은 커피와 맥주를 마신다.

→ Los coreanos beben ______ café y ______ cerveza.

처음 Talk talk!

MP3를 들으며 스페인어 기초 회화 표현을 말해 보세요.

Tengo mucha suerte.

정말 행운이야.

Soy bueno/a en todo.

난 뭐든지 잘해.

Mi jefe tiene mala leche.

내 상사는 성격이 별로야.

Es una buena idea.

좋은 생각이다.

Con poca sal, por favor.

소금은 조금만 넣고 해 주세요.

Vale, ¿algo más?

네, 더 필요한 거 있으세요?

Unidad

헷갈려요!
비슷한 동사 비교하기

Lección 92

말하다 vs 말하다
HABLAR와 DECIR 비교하기

개념체크 빈칸에 들어갈 알맞은 단어는 무엇일까요?

Voy a ______ con él por teléfono. 나는 그와 전화통화할 예정이야.

hablar　　decir

정답 hablar

❶ HABLAR 동사의 용법

HABLAR 동사는 말하는 행위 그 자체가 중요해요. **목적어가 필요하지 않아요.**

Yo hablo.	나는 말한다.
Tú hablas con Clara.	너는 끌라라와 말한다.

언어명은 예외적으로 HABLAR 동사의 목적어가 될 수 있어요. '00어를 할 수 있다'라고 해석해요.

¿Hablas español?	너는 스페인어 할 수 있니?
Sí, hablo español. Un poco.	응, 스페인어 해. 조금.

❷ DECIR 동사의 용법

DECIR 동사는 무엇을 말하는지가 중요해요. **목적어가 꼭 필요해요.**

Yo digo la verdad.	나는 진실을 말한다.
Yo digo un secreto.	나는 비밀을 말한다.

접속사 que와 함께 간접화법에도 사용해요. '**decir que 문장**'은 'que 이하라고 말하다'로 해석해요.

Dicen que eres un genio.	네가 천재라고들 한다.
Mis padres dicen que soy un genio.	우리 부모님은 내가 천재라고 말한다.

Tip 첫번째 문장 **Dicen que** ~ 의 드러나지 않은 주어는 불특정 다수예요.

❸ HABLAR vs DECIR 비교하기

목적어 유무가 가장 큰 차이점이예요. HABLAR 동사 뒤에 목적어나 que가 와도 문장은 성립되지만, 명확한 의미를 갖지 못해요.

HABLAR 동사		DECIR 동사
Yo hablo. **(O)**		Yo digo. (X)
Yo hablo un secreto. (X)		Yo digo un secreto. **(O)**
Yo hablo que eres mi amigo. (X)	**vs.**	Yo digo que eres mi amigo. **(O)**
Yo hablo de mi amigo. **(O)**		Yo digo de mi amigo. (X)
¿Qué hablas? (X)		¿Qué dices? **(O)**
¿De qué hablas? **(O)**		¿De qué dices? (X)

¿Cómo es tu nuevo jefe? 너의 새로운 상사는 어때?

Es muy hablador. 말이 엄청 많아.

Habla por los codos. 말이 엄청 많아.

Plus 어휘 hablador/-a 말이 많은 | (los) codos 팔꿈치

Tip 'hablar por los codos'는 말이 많은 사람을 비유하는 표현이에요. 직역하면 '팔꿈치로도 말하다'예요.

Check up 빈칸에 들어갈 단어로 옳은 것은?

Vosotros __________ japonés.

너희들은 일본어를 한다.

hablamos　　decimos　　habláis　　decís

정답 habláis

Lección 93

알다 vs 알다
SABER와 CONOCER 비교하기

개념체크 빈칸에 들어갈 알맞은 단어는 무엇일까요?

No ______.
나는 모른다.

정답 sé 또는 conozco

❶ SABER 동사의 용법

SABER 동사는 지식이나 정보에 대해 아는 것을 말해요. 1인칭이 'sé'로 변화하는 yo 불규칙 동사예요.

No sé tu nombre.	나는 네 이름을 모른다.
¿Sabes mi número?	너 내 번호 알아?

SABER 동사 뒤에는 동사원형이 올 수 있어요. '**saber+동사원형**'은 '동사원형 할 줄 안다'로 해석해요.

¿Sabes conducir?	너 운전할 줄 알아?
No, no sé conducir.	아니, 운전할 줄 몰라.

❷ CONOCER 동사의 용법

CONOCER 동사는 사람, 장소와 같이 경험을 통해 알 수 있는 것을 말할 때 써요. 1인칭이 'conozco'로 변화하는 yo 불규칙 동사예요.

¿Conoces a Mateo?	마테오를 알아?
Sí, conozco a Mateo.	응, 마테오를 알아.

'**conocer+장소**'는 '~에 가본 적 있다'는 뜻이예요.

¿Conoces "El Mesón"?	'엘 메종'에 가 봤어?
No, no conozco.	아니, 안 가 봤어.

❸ SABER vs CONOCER 비교하기

SABER 동사의 앎에는 경험이 필수가 아니지만 CONOCER 동사의 앎에는 경험이 필수예요.

SABER 동사		CONOCER 동사
¿Sabes de Corea? 한국에 대해 알아?	vs.	¿Conoces Corea? 한국에 가 봤어?
¿Sabes el número de Mateo? 마테오 번호 알아?		¿Conoces a Mateo? 마테오 알아?

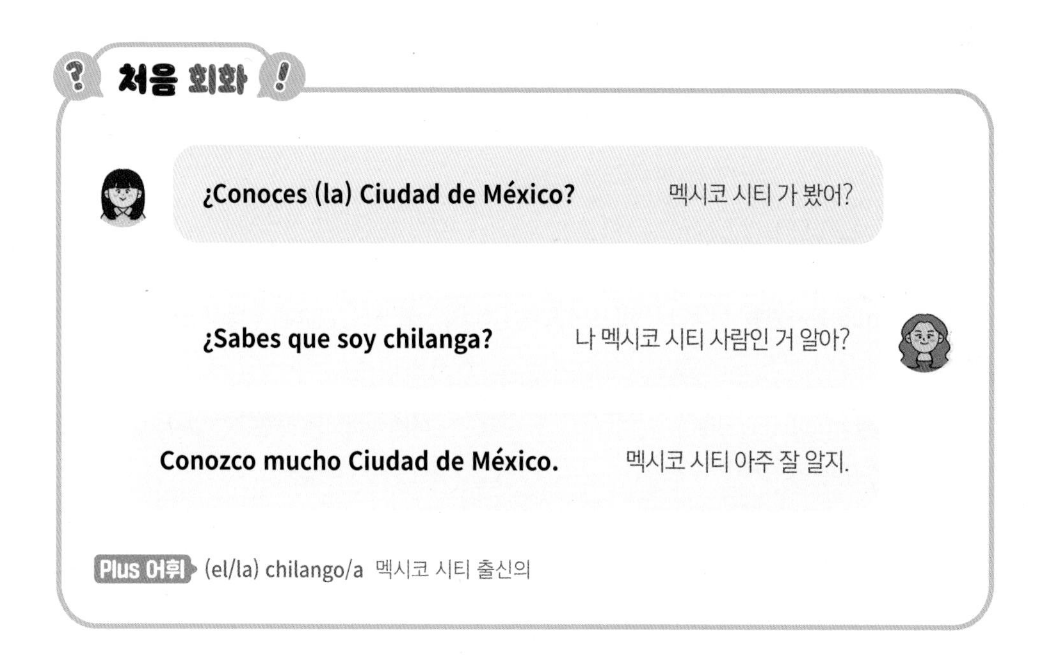

Check up 빈칸에 들어갈 단어로 가장 적절한 것은?

¿__________ cuál es la capital de Corea?

한국의 수도가 어딘지 아니?

Conoces　　Conoces que　　Sabes　　Sabes que

정답 Sabes

Lección 94

해야 한다 vs 해야 한다
TENER QUE와 HAY QUE 비교하기

개념체크 빈칸을 채워 동사표를 완성해 보세요.

TENER 가지다	Yo	Tú	Él	Nosotros	Vosotros	Ellos
		tienes		tenemos		tienen

tengo, tiene, tenéis

❶ TENER QUE 동사원형의 용법

'~가 ~해야 한다'라는 의미로, 개인의 상황에 따른 의무를 말할 때 써요. TENER는 유형 3 불규칙 동사예요.

Tengo que descansar. 나는 휴식해야 해.
¿Qué **tengo que** hacer? 내가 무엇을 해야 하지?

'**no tener que 동사원형**' 형태의 부정문으로도 활용해요. '~할 필요가 없다', '~하지 않아도 돼'로 해석해요.

No tienes que hacer dieta. 너는 다이어트 할 필요가 없다.
No tiene que ser perfecto. 완벽하지 않아도 돼.

❷ HAY QUE 동사원형의 용법

'(일반적으로) ~해야 한다'라는 의미로, 일반적 원칙이나 보편적 의무를 말할 때 써요. 주어가 드러나지 않는 보편적 의무를 말하기 때문에 동사변형을 하지 않아요.

Hay que proteger la naturaleza. 자연을 보호해야 한다.
Hay que lavar bien las manos. 손을 잘 씻어야 한다.

Plus 어휘 proteger 보호하다 | (la) naturaleza 자연 | lavar 씻다, 빨다

❸ TENER QUE vs HAY QUE 비교하기

TENER QUE는 개인의 의무를 말할 때 사용하고, HAY QUE는 상식적, 사회적 의무를 말할 때 사용해요.

TENER QUE		HAY QUE
Tienes que aguantar todo. 네가 모든 걸 참아야 한다.	vs.	Hay que pagar para entrar. 입장하려면 돈을 내야 한다.

Plus 어휘 aguantar 참다, 견디다 | pagar 지불하다

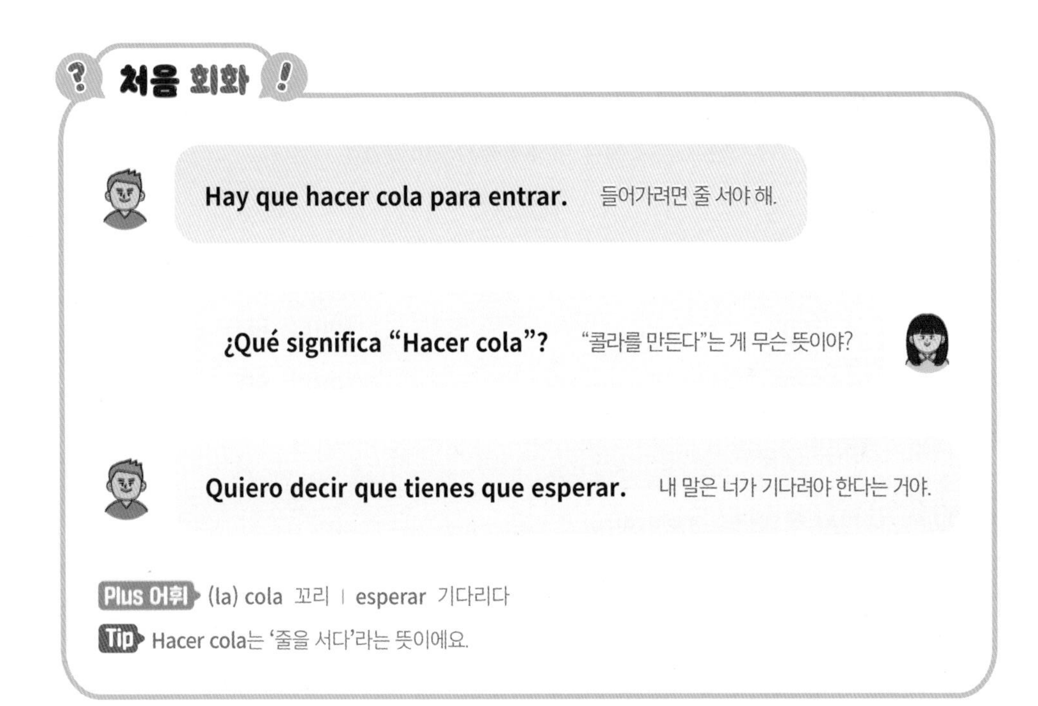

Check up 빈칸에 들어갈 단어로 옳은 것은?

Todo el mundo ___________ que saber la verdad.
온 세상이 진실을 알아야 해.

tienes tiene tienen hay

정답 tiene

뜻 부자 TOMAR 동사 용법 정복하기!

개념체크 다음 문장은 무슨 뜻일까요?

Tomo muchas clases.

정답 나는 수업을 많이 듣는다.

❶ TOMAR 동사의 형태와 뜻

TOMAR 동사는 '잡다, 쥐다, 얻다, 받다, 먹다, 마시다' 등의 뜻이 있어요.

TOMAR			
tom	o	tom	amos
tom	as	tom	áis
tom	a	tom	an

Yo **tomo** medicinas todos los días. 나는 매일 약을 먹는다.
Quiero **tomar** el sol en la playa. 해변에서 일광욕을 하고 싶어.
¿**Tomas** muchas clases? 수업을 많이 듣니?

❷ "먹다", "마시다"로 쓰는 TOMAR

상황에 따라 'COMER 먹다, BEBER 마시다' 대신에 TOMAR를 써도 돼요. 나라별로도 차이가 있어요.

Tomo un té por la tarde. 나는 오후에 차 한 잔을 마신다.
Tomo una tostada para desayunar. 아침 식사로 토스트 한 개를 먹는다.

Plus 어휘 (el) té 차 | (la) tostada 토스트

❸ TOMAR 동사의 다양한 활용

TOMAR 동사는 여러 가지 의미로 쓰여요. 자주 쓰이는 문장 몇 개를 숙어로 외워 두세요.

Toma asiento.	앉아.
Salgo a **tomar** aire.	나는 바람 쐬러 나간다.
Tengo que **tomar** la decisión.	결정을 내려야 해.

Tip 모든 동사의 3인칭 단수형은 명령형으로 쓸 수 있어요. 예) **Toma la decisión.** 결정을 내려.

'~을 잡다, 타다'처럼 교통수단을 말할 때 스페인에서는 COGER를, 라틴아메리카에서는 TOMAR를 주로 써요.

Cojo un taxi en el aeropuerto.	나는 공항에서 택시를 잡는다.
Tomamos el autobús para ir a casa.	우리는 집에 가기 위해 버스를 탄다.

처음 회화

Tengo que tomar un taxi. 택시를 잡아야겠어.

¿Por qué "tomas" un taxi? 왜 택시를 "tomas"하는 거야?

En México decimos así. 멕시코에서 우리는 그렇게 말해.

Plus 어휘 así 그렇게

Check up 빈칸에 들어갈 단어로 옳은 것은?

Tienes que ________ un taxi para llegar a tiempo.
제 시간에 도착하려면 택시를 타야 해.

tener　　coger　　beber　　comer

정답 coger

종합 연습문제

A 다음 문제를 풀어 보세요.

1 다음 중 문법적으로 옳지 않은 문장은?

① ¿Por qué no hablas con el profesor?

② Él habla con rapidez por teléfono.

③ Yo hablo 3 idiomas.

④ Ella habla los secretos de sus amigos.

2 빈칸에 들어갈 단어가 나머지와 다른 하나는?

① Él siempre ______ de su novia.

② Él siempre ______ la verdad.

③ Mi madre ______ que valgo mucho.

④ El médico ______ que estoy enfermo.

3 아래 문장을 스페인어로 옳게 쓴 것은?

스페인 수도가 어디에 있는지 알아?

① ¿Sabes que está la capital de España?

② ¿Sabes dónde está la capital de España?

③ ¿Conoces que dónde está la capital de España?

④ ¿Conoces de dónde está la capital de España?

4 밑줄 친 동사를 TOMAR로 대체할 수 없는 것은?

① ¿Qué haces este finde?

② Bebo una copa de vino tinto en la cena.

③ Cojo el metro para ir a la universidad.

④ Quiero comer un helado de vainilla.

5 내용이 자연스럽지 않은 문장은?

① Hay que proteger la naturaleza.

② Tienes que lavar las manos antes de comer.

③ Hay que hacer tu tarea antes de salir.

④ No hay que fumar aquí.

6 간접화법이 옳게 사용된 문장은?

① Hablo que mi familia.

② Digo que los secretos.

③ Dicen que va a llover mañana.

④ Hablan que son hermanos.

B 제시된 문장에 맞게 빈칸을 채워 보세요.

1 새로운 식당에 이미 가 봤니?

→ ¿Ya ______ el nuevo restaurante?

2 마테오의 번호를 알아?

→ ¿______ el número de Mateo?

3 네가 공부를 아주 잘한다고들 한다.

→ ______ que estudias muy bien.

4 무엇에 대해서 말하는 거야?

→ ¿______ qué hablas?

5 너는 인내심을 가져야 해.

→ ______ que tener paciencia.

6 나는 결정을 내려야 해.

→ ______ que ______ la decisión.

처음 Talk talk!

MP3를 들으며 스페인어 기초 회화 표현을 말해 보세요.

¿Sabes mi número?

너 내 번호 알아?

¿Conoces (la) Ciudad de México?

멕시코 시티 가 봤어?

No tiene que ser perfecto.

완벽하지 않아도 돼.

Hay que hacer cola para entrar.

들어가려면 줄을 서야 해.

Toma asiento.

앉아.

Tengo que tomar la decisión.

결정을 내려야 해.

Unidad

기초 튼튼 개념 정리, 목적대명사

목적대명사가 뭐예요? 개념부터 확실하게!

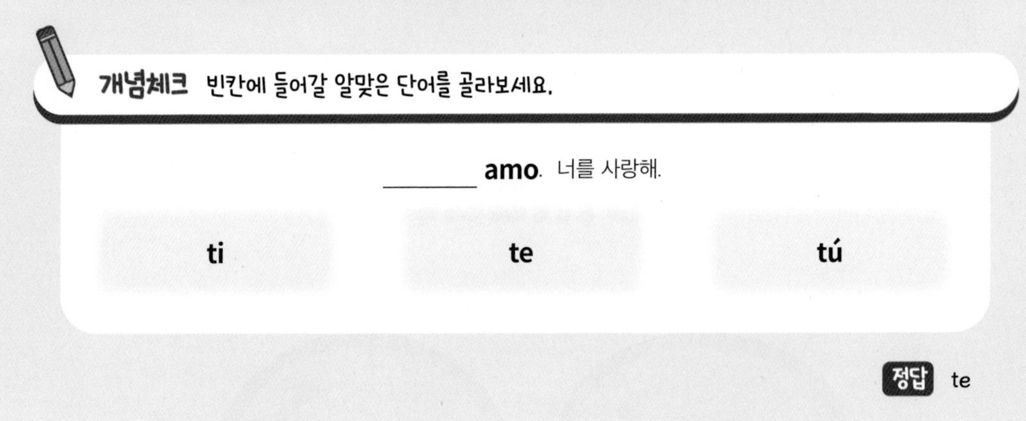

정답 te

❶ 목적대명사란?

목적대명사는 목적어 대신 부르는 명사를 말해요.

Yo 나는	te 너를	quiero. 좋아해.

위 예문의 목적어인 '너 tú' 대신에 사용된 'te'가 바로 목적대명사에요.

❷ 목적대명사의 종류

목적대명사는 직접목적격(~을/를)과 간접목적격(~에게) 두 종류로 나눠요.

직접목적격			간접목적격		
나는 Yo	너를 te	좋아해. quiero.	나는 Yo	너에게 te	설명해 explico.

스페인어에서 목적대명사는 문장에서 꼭 필요한 기본 요소 중 하나예요! 직접목적대명사는 문장에서 '무엇을' 또는 '누구를 대신하는 역할을 하고, 간접목적대명사는 '누구에게'를 대신하는 역할이에요.

처음엔 낯설게 느껴질 수 있지만, 문장을 자꾸 만들어 보고 연습하다 보면 마치 퍼즐을 맞추듯 재미있게 익힐 수 있어요!

❸ 목적대명사의 형태

3인칭 단·복수를 제외하고 형태가 같아요.

직접목적격		간접목적격	
Me	나를	Me	나에게
Te	너를	Te	너에게
Lo/La	그를/그녀를/그것을	**Le**	그에게/그녀에게
Nos	우리를	Nos	우리에게
Os	너희를	Os	너희에게
Los/Las	그들을/그녀들을/그것들을	**Les**	그들에게/그녀들에게

처음 회화

¡Qué complicado! 진짜 복잡하다!

No puedo entender me, te, lo... me, te, lo… 이해 못 하겠어.

Yo te lo explico. 내가 (너에게 그것을) 설명해 줄게.

Plus 어휘 complicado/a 복잡한, 이해하기 어려운 | entender(e→ie) 이해하다 | explicar 설명하다

Check up 다음 중 단어와 뜻이 잘못 연결된 것은?

me	te	le	nos
나에게	너를	그것을	우리에게

정답 le 그것을

너를 사랑해 직접목적대명사 활용하기

개념체크 다음 문장은 무슨 뜻일까요?

No lo entiendo.

정답 나는 그를/그것을 이해 못 하겠어.

❶ 직접목적대명사란?

직접목적대명사는 '~을/를'로 끝나는 직접 목적어 대신 쓰는 말이에요. **목적어가 인칭대명사인 경우 무조건** 직접목적격으로 바꿔 써야 해요.

나는 그녀를 사랑해. →

Yo	amo	**a ella. (x)**
Yo	**la**	amo.

Tip 대상을 명확하게 밝히거나 강조를 위해 직접목적격과 함께 인칭대명사를 쓰는 것은 괜찮아요. 이것을 '중복형'이라고 해요. 예) La quiero a ella. (O)

3인칭 목적대명사는 사람, 동물, 사물을 모두 대신할 수 있어요.

Me	나를	Nos	우리를
Te	너를	Os	너희를
Lo/La	그를/그녀를/그것을	Los/Las	그들을/그녀들을/그것들을

직접목적대명사는 단어의 중복을 피하거나, 조금 더 간결하게 말하기 위해 써요.

A : ¿Amas **a Clara**? 너는 **끌라라를** 사랑해?
B : Sí, **la** amo. 응, 나는 **그녀를** 사랑해.

❷ 직접목적대명사 활용하기

직접목적대명사의 위치는 동사 앞이에요.

Yo te ayudo.	나는 너를 돕는다.
Él no me ayuda.	그는 나를 돕지 않는다.

¿Conoces a Antonio?	너는 안토니오를 아니?
Sí, lo conozco.	응, 나는 그를 알아.

앞서 언급한 전체 내용을 말할 때도 lo를 써요. 이때의 lo는 중성대명사예요.

¿Sabes dónde está Clara?	끌라라가 어디에 있는지 아니?
No, no lo sé.	아니, 그건 몰라.

처음 회화

Siempre me ayudas, Javi. 하비, 넌 항상 날 많이 도와줘.

Te debo mucho. 네게 신세를 많이 지네.

¡Qué va! Somos amigos. 뭐래! 우린 친구잖아.

Plus 어휘 deber ~에게 신세를 지다

Tip ¡Qué va!는 상황에 따라 '뭐래! 아니야!' 등 다양하게 해석해요.

Check up 다음 중 문법적으로 옳지 않은 문장은?

① Quiero a Lola. ② ¿Amas a tu gato?
③ La tengo. ④ ¿Conoces a ella?

정답 ④

내가 살게! 간접목적대명사 활용하기

개념체크 직목, 간목 구분에 유의하여 아래 문장을 해석해보세요.

Tú me dices que me amas.

너는 나에게 네가 날 사랑한다고 말한다.

❶ 간접목적대명사란?

간접목적대명사는 '~에게'로 끝나는 간접 목적어 대신 쓰는 말이예요. **목적어가 인칭대명사인 경우 무조건** 간접 목적격으로 바꿔 써야 해요.

나는 그녀에게 스페인어를 가르친다.	→	Yo	enseño	español	**a ella.** (x)
		Yo	**le**	enseño	español.

Tip 대상을 명확하게 밝히거나 강조를 위해 간접목적격과 인칭대명사를 함께 쓰는 것은 괜찮아요. 이것을 '중복형'이라고 해요. 예) Yo le enseño español a ella. (O)

3인칭을 제외하고 직접목적격과 형태가 같아요.

Me	나에게	Nos	우리에게
Te	너에게	Os	너희에게
Le	그에게/그녀에게	Les	그들에게/그녀들에게

간접목적대명사는 단어의 중복을 피하거나, 조금 더 간결하게 말하기 위해 써요.

A : ¿Enseñas español **a Clara**? 너는 **끌라라에게** 스페인어를 가르치니?
B : Sí, **le** enseño español. 응, 나는 **그녀에게** 스페인어를 가르쳐.

❷ 간접목적대명사 활용하기

간접목적대명사의 위치는 동사 앞이에요.

Yo **te** escribo.	나는 **너에게** 문자를 보낸다.
Él no **me** escribe.	그는 **나에게** 문자를 보내지 않는다.

Tip escribir의 사전적 의미는 '쓰다'지만, '문자를 보내다'로 자연스럽게 해석해요.

¿Qué **nos** recomienda?	**우리에게** 무엇을 추천해요?
Os recomiendo el gazpacho.	**너희에게** 가스파초를 추천해.

Plus 어휘 recomendar(e→ie) 추천하다

처음 회화

Vamos por un café. 커피 한잔하러 가자.

¿Me invitas? 네가 쏘는 거야?

Sí, te invito yo. 응, 내가 살게.

Plus 어휘 ir por ~하러 나가다 | invitar 초대하다, 대접하다

Check up 빈칸에 들어갈 수 없는 말은?

Mis padres ________ regalan un gato.

나의 부모님은 ~에게 고양이를 선물한다.

me te los les

Plus 어휘 regalar 선물하다

정답 los

약속할게. 직목대와 간목대 함께 활용하기

개념체크 다음 문장의 올바른 해석을 골라보세요.

Te la presento.

① 너에게 그녀를 소개할게.

② 너를 그녀에게 소개할게.

 ①

❶ 직목대, 간목대 함께 활용하기

한 문장에 두 목적대명사가 함께 사용될 경우 **순서는 무조건 간+직**이에요.

A : ¿**Me** prestas tu coche?	나에게 네 차를 빌려줄래?
B: ¿Cuándo **lo** necesitas?	언제 그것이 필요한데?
A: Hoy. **Te lo** devuelvo mañana.	오늘. 너에게 그것을 내일 돌려줄게.

Plus 어휘 prestar 빌려주다 | devolver(o→ue) 돌려주다

❷ 직목대, 간목대 모두 3인칭일 때의 형태 변화

간목 le, les가 직목 lo, los를 만나면 se로 바뀌어요.

A: ¿**Le** das esta flor a tu novia?	이 꽃 네 여자친구에게 주는 거야?
B: Sí, **se la** doy.	응, 그녀에게 그것을 줄 거야.
→ Sí, **le la** doy. (X)	

A: ¿**Les** das esta flor a tus padres?	이 꽃 네 부모님께 드리는 거야?
B: Sí, **se la** doy.	응, 그분들께 그것을 드릴 거야.
→ Sí, **les la** doy. (X)	

Plus 어휘 dar 주다

❸ 직목대, 간목대의 중복형 사용 비교

3인칭 목적대명사가 가리키는 대상을 좀 더 명확하게 밝히기 위해 중복형을 써요.

Quiero a ella. (X) 나는 그녀를 좋아해.
→ **La** quiero. (O) / **La** quiero **a ella**. (O)

간접 목적대명사는 중복형을 많이 써요.

Regalo a ella. (X) 나는 그녀에게 선물해.
→ **Le** regalo. (O) / **Le** regalo **a ella**. (O)

Tip 목적어가 인칭대명사가 아닌 경우, 간접목적대명사의 중복형 사용은 일반적이지만, 직접목적대명사의 중복형은 잘 쓰지 않아요. 예) **La** quiero **a Clara**. (일부 지역에서만 사용), **Le** regalo **a Clara**. (널리 사용)

¡Hola, chicas! 안녕, 얘들아!

¡Qué susto! 아 깜짝이야!

Casi me da un infarto. 심장마비 올 뻔했잖아.

Plus 어휘 (el) susto 놀라움 | dar un infarto ~를 깜짝 놀래키다

Tip 'Me da un infarto'는 직역하면 '나에게 심장마비를 주다'라는 뜻이에요.

Check up 빈칸에 들어갈 말을 순서대로 바르게 연결한 것은?

A: No te miento nunca.
B: ¿_____ _____ juras?

Te - me　　Me - te　　Te - lo　　Me - lo

Plus 어휘 jurar 맹세하다

정답 Me - lo

Lección 100

직목대와 간목대가 동사원형을 만날 때

개념체크 빈칸에 동사원형이 올 수 있는 표현을 모두 골라보세요.

① Voy a ____. ② Sé ____. ③ Quiero ____. ④ Puedo ____.

정답 ①, ②, ③, ④

❶ 목적대명사 위치 정리

동사가 변형일 때 목적대명사는 동사 앞에 위치해요. 두 목적대명사가 함께 오면 무조건 **간접 → 직접** 순으로 써요.

Yo **te** digo.	나는 너에게 말한다.
Yo **te lo** digo.	나는 너에게 그것을 말한다.

❷ 목적대명사 + 동사원형 함께 활용하기

① 동사가 원형일 때 목적대명사는 조동사 앞, 또는 띄어쓰기 없이 원형동사 바로 뒤에 써요.

Yo quiero decir**te**. → Yo **te** quiero decir.	나는 너에게 말하고 싶다.

Yo tengo que decir**te**. → Yo **te** tengo que decir.	나는 너에게 말해야 한다.

② 원형동사 뒤에 간목, 직목을 모두 쓰는 경우 동사의 어미에 띨데가 첨가돼요.

Yo **te lo** quiero decir. → Yo quiero decír**telo**.	나는 너에게 그것을 말하고 싶다.

Yo **te lo** quiero dar. → Yo quiero dár**telo**.	나는 너에게 그것을 주고 싶다.

A : ¿Puedes mandar**me** las fotos de ayer? B : Sí, voy a mandár**telas** esta noche.	어제 사진들 좀 보내줄 수 있어? 오늘 밤에 너에게 그것들을 보내줄게.

A : Tienes que decir**le** la verdad a ella. B : Sí, voy a decír**sela** todo.	너는 그녀에게 진실을 말해야 해. 응, 그녀에게 모두 말할 거야.

Tip 3인칭 간목대와 3인칭 직목대가 만날 때 간목대의 형태가 se로 바뀌는 것을 기억하세요.

처음 회화

Te voy a echar de menos, Sona. 너가 그리울 거야, 소나.

Te voy a extrañar mucho. 너가 무척 그리울 거야.

Siempre vamos a estar en contacto. 우리 항상 연락하고 지내자.

Plus 어휘 estar en contacto 연락하고 지내다

Tip '~를 그리워하다'는 스페인에서는 **echar de menos**, 라틴아메리카에서는 **extrañar** 동사를 써요.

Check up 빈칸에 들어갈 말을 알맞게 쓰세요.

¿Puedes ___________ una foto?
나 사진 한 장만 찍어줄 수 있어?

Plus 어휘 tomar una foto 사진찍다

정답 tomarme

Unidad 20

종합 연습문제

A 다음 문제를 풀어 보세요.

1 다음 중 목적대명사를 잘못 사용한 문장은?

① ¿Qué nos recomienda?

② Siempre me ayudas.

③ Te enseño español.

④ Yo la conozco a él.

2 다음 중 문법적으로 옳은 문장은?

① ¿Das esta flor a ella?

② Le regalo una casa a mis padres.

③ Quiero mucho a David.

④ Escucha, digo a ti un secreto.

3 아래 문장을 스페인어로 옳게 쓴 것은?

너에게 그것을 말하고 싶어.

① Lo quiero decírte.

② Lo te quiero decir.

③ Quiero decírtelo.

④ Quiero décirtelo.

4 'Te'의 쓰임이 나머지와 다른 하나는?

① Te lo juro.

② Te quiero.

③ Te recomiendo la pizza.

④ Te voy a prestar mi bicicleta.

5 다음 중 대화의 흐름이 어색한 것은?

① Te voy a echar de menos. – No lo sé.

② ¿Puedes tomarme una foto? – ¡Sí, claro!

③ ¿Me dices la verdad? – Sí, te la digo.

④ ¿Qué le vas a regalar? – Es un secreto.

6 아래 질문의 답변으로 옳은 것은?

¿Cuándo le devuelves el paraguas a Juan?

① Le lo devuelvo mañana.

② Le los devuelvo mañana.

③ Se lo devuelvo mañana.

④ Se los devuelvo mañana.

B 제시된 문장에 맞게 빈칸을 채워 보세요.

1 나에게 문법을 설명해줄 수 있어?

→ ¿ ________ puedes explicar la gramática?

2 너의 부모님께 무엇을 선물할 거야?

→ ¿Qué ________ vas a regalar a tus padres?

3 그를 사랑하니?

→ ¿ ________ quieres?

C 주어진 문장을 목적대명사를 사용해 다시 쓰세요.

1 Él me presenta a sus hermanos.

→ Él ________ ________ presenta.

2 Te voy a mandar un paquete.

→ Voy a ________.

3 Me lo tienes que devolver.

→ Tienes que ________.

처음 Talk talk!

MP3를 들으며 스페인어 기초 회화 표현을 말해 보세요.

¡Qué susto!

아 깜짝이야!

¡Qué va!

뭐래!, 아니야!

¿Me invitas?

네가 쏘는 거야?

Te invito yo.

내가 살게.

Te voy a extrañar.

네가 그리울 거야.

Vamos a estar en contacto.

우리 연락하고 지내자.

종합 연습문제

정답

종합 연습문제 정답

Unidad 1

A
1 / ③
2 / ②
3 / ①
4 / ③
5 / ②
6 / ③

B
1 / Hola
2 / Adiós (= Chao)
3 / tardes
4 / luego
5 / estás
6 / bien

Unidad 2

A
1 / ④
2 / ①
3 / ②
4 / ③
5 / ④
6 / ①

B
1 / profesora
2 / amiga
3 / profesores
4 / estudiantes
5 / te I llamas
6 / llamo

Unidad 3

A
1 / ③
2 / ①
3 / ①
4 / ②
5 / ④
6 / ②

B
1 / tardes
2 / está
3 / Cuánto
4 / Feliz
5 / mañana
6 / problema

Unidad 4

A
1 / ②
2 / ②
3 / ①
4 / ③
5 / ①
6 / ③

B
1 / España
2 / guapos
3 / dónde
4 / guay
5 / Eres
6 / Sí I soy

Unidad 5

A
1 / ②
2 / ①
3 / ①
4 / ①
5 / ③
6 / ③

B
1 / La
2 / Las
3 / Unas
4 / un
5 / La
6 / Una

Unidad 6

A
1 / ③
2 / ①
3 / ④
4 / ③
5 / ①
6 / ③

B
1 / tuyos
2 / Nuestros
3 / la I suya
4 / mío
5 / esta
6 / ese

Unidad 7

A
1 / ④
2 / ②
3 / ①
4 / ①
5 / ③
6 / ④

B
1 / es
2 / abierta
3 / derecha
4 / Estás
5 / felices
6 / del

Unidad 8

A
1 / ①
2 / ④
3 / ②
4 / ③
5 / ②
6 / ③

B
1 / comen
2 / Subes
3 / escriben
4 / Hablas
5 / amo
6 / beben

Unidad 9

A
1 / ④
2 / ①
3 / ②
4 / ④
5 / ①
6 / ③

B
1 / temprano
2 / fuerte
3 / demasiado
4 / rara
5 / por I la I tarde
6 / tarde

Unidad 10

A
1 / ④
2 / ①
3 / ④
4 / ②
5 / ③
6 / ④

B
1 / Cien
2 / un
3 / cincuenta
4 / trescientos sesenta y cinco
5 / primer
6 / segunda

Unidad 11

A
1 / ③
2 / ①
3 / ②
4 / ①
5 / ①
6 / ②

B
1 / Pensamos
2 / Prefiero I a
3 / sueño
4 / Pedís
5 / oyes
6 / Vamos

Unidad 12

A
1 / ②
2 / ④
3 / ④
4 / ③
5 / ③
6 / ②

B
1 / razón
2 / Por I qué
3 / Qué
4 / Quién
5 / Dónde I cuándo
6 / Qué

Unidad 13

A
1 / ③
2 / ②
3 / ①
4 / ②
5 / ①
6 / ④

B
1 / Cuántos
2 / buen
3 / uno (= primero)
4 / sábado
5 / de | la | noche
6 / cuestan (= valen)

Unidad 14

A
1 / ④
2 / ②
3 / ①
4 / ③
5 / ④
6 / ①

B
1 / Cuántos
2 / Vale
3 / Hay
4 / está
5 / gente
6 / tráfico

Unidad 15

A
1 / ②
2 / ①
3 / ④
4 / ④
5 / ③
6 / ①

B
1 / casa | vieja
2 / otra
3 / cada
4 / próximo
5 / Algún
6 / última

Unidad 16

A
1 / ④
2 / ①
3 / ④
4 / ④
5 / ③
6 / ③

B
1 / por
2 / para
3 / al
4 / con
5 / Con
6 / entre

Unidad 17

A 1 / ④
2 / ③
3 / ④
4 / ③
5 / ②
6 / ①

B 1 / por
2 / a
3 / para

C 1 / A
2 / Para
3 / cuánto

Unidad 18

A 1 / ③
2 / ①
3 / ④
4 / ④
5 / ②
6 / ④

B 1 / bien
2 / un poco de
3 / mala
4 / mucho
5 / poca
6 / mucho | mucha

Unidad 19

A 1 / ④
2 / ①
3 / ②
4 / ①
5 / ③
6 / ③

B 1 / conoces
2 / Sabes
3 / Dicen
4 / De
5 / Tienes
6 / Tengo | tomar

Unidad 20

A 1 / ④
2 / ③
3 / ③
4 / ②
5 / ①
6 / ③

B 1 / Me
2 / les
3 / Lo

C 1 / me | los
2 / mandártelo
3 / devolvérmelo

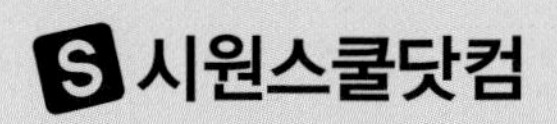
시원스쿨닷컴